VENETO KEUKEN

100 eenvoudige en heerlijke recepten uit Noordoost-Italië

ESMEE VAN DE POL

Auteursrechtelijk materiaal ©2024

Alle rechten voorbehouden

Geen enkel deel van dit boek mag in welke vorm of op welke manier dan ook worden gebruikt of overgedragen zonder de juiste schriftelijke toestemming van de uitgever en eigenaar van het auteursrecht, met uitzondering van korte citaten die in een recensie worden gebruikt. Dit boek mag niet worden beschouwd als vervanging voor medisch, juridisch of ander professioneel advies.

INHOUDSOPGAVE

INHOUDSOPGAVE 3
INVOERING 6
ONTBIJT 7
   1. Caffè Latte e Brioche (koffie en zoet brood) 8
   2. Pandoro-wentelteefjes 10
   3. Frittelle Venete (Venetiaanse carnavalsbeignets) 12
   4. Speck en Fontina Ontbijtpanini 14
CICCHETI 16
   5. Baccalà Mantecato (roomgezouten kabeljauw) 17
   6. Polpette di Sarde (Sardine Gehaktballetjes) 19
   7. Radicchio en Taleggio Crostini 21
   8. Prosciutto en Melonespiesjes 23
   9. Arancini al Nero di Seppia (risottoballetjes met inktvisinkt) 25
   10. Gamberetti in Salsa Rosa (garnalen in roze saus) 27
   11. Funghi Trifolati (gebakken champignons) 29
   12. Polenta con Salsiccia (polenta met worst) 31
   13. Partij polenta crostini 33
   14. Gegrilde polentavierkantjes 36
HOOFDGERECHT 38
   15. Risi e Bisi (Venetiaanse rijst en erwten) 39
   16. Venetiaanse spek- en bonensalade 41
   17. Venetiaanse rijst- en erwtensoep 43
   18. Gestoofd kalfsvlees met pompoen 45
   19. Canederli al Formaggio (kaasknoedels) 47
   20. Pizzoccheri della Valtellina 49
   21. Pasta e Fagioli Veneta (Venetiaanse pasta- en bonensoep) 51
   22. Spezzatino di Manzo al Barolo (stoofpot van rundvlees met Barolo-wijn) 53
   23. Trofie al Pesto Genovese (Trofie Pasta met Genovese Pesto) 55
   24. Stracotto di Manzo (stoofvlees) 57
   25. Geroosterde Red Snapper met Aardappel en Olijven 59
RISOTTO 61
   26. Risotto al Tartufo Nero (risotto van zwarte truffel) 62
   27. Risotto van erwten en ham 64
   28. Ham & aspergesrisotto primavera 67
   29. Risotto al Nero di Seppia (risotto met inktvisinkt) 70
   30. Spek en Tomatenrisotto 72
   31. Pancetta-risotto met radicchio 74
   32. Pompoenrisotto 76
   33. Ossenhaas & preirisotto _ 78

34. Risotto van Cheddar en Lente-ui 81
35. Risotto van rode biet 83
36. Courgetterisotto 85
37. Venkelrisotto met pistachenoten 87
38. Risotto van gekruide zoete aardappel 89
39. Risoto met champignons 91
40. Bosbessenrisotto met boletus 93
41. Risotto van asperges en paddenstoelen 95
42. Speltrisotto met champignons 97
43. Mosselrisotto 99
44. Crabcake en risotto van groene uien 102
45. Garnalen & zoete cicelyrisotto 105
46. Pesto -walnootrisotto 108
47. Risotto met acht kruiden 110

PROSCIUTTO 112
48. Gebakken Prosciutto-eierdopjes 113
49. Prosciutto en ei-ontbijtwrap 115
50. Prosciutto en kaasomelet 117
51. Prosciutto en Tomatenfrittata 119
52. Basilicum Kip 121
53. Kwartels over groente- en hamreepjes 123
54. Proscuitto en rucola-pizza 125
55. Vier Seizoenen Pizza/Quattro Stagioni 127
56. Kip & Prosciutto met spruitjes 129
57. Fettuccine met prosciutto en asperges 131
58. Fusilli met prosciutto en erwten 133
59. Fusilli met shiitake, broccoli rabe en prosciuttosaus 135
60. Pappardelle met prosciutto en erwten 138
61. Salami en Brie Crostini 140
62. Proscuitto en Mozarella Bruschetta 142
63. Muntachtige garnalenbeten 144
64. Peer, Radijs Microgreen & Prosciutto Bite 146
65. Muffin-prosciuttobeker 148
66. Avocado-prosciutto-balletjes 150

SNOEPJES EN DESSERTS 152
67. Gubana (zoet gevuld gebakje) 153
68. Crostata van appel en ricotta 155
69. Trentino Appeltaart (Torta di Mele Trentina) 157
70. Venetiaanse gebakken room 159
71. Pannacotta met karamelsaus 161
72. Chocolade panna cotta 163
73. Karamel vla 165
74. Italiaanse gebakken perziken 167

75. Tiramisu potjes de creme 169
76. Tiramisu-cupcakes 172
77. Honingpudding ___ 175
78. Bevroren Honing Semifreddo 177
79. Zabaglione 179
80. Affogato 181
81. Havermout-kaneelijs 183
82. Dubbele chocoladegelato 185
83. Kers-Aardbeiengelato 187
84. Boterachtige croissantlagen met prosciutto 189
85. Balsamico-perzik-brietaart 191
86. Uien- en prosciuttotaart 193
87. Prosciutto-olijf-tomatenbrood 195
88. Prosciutto-oranje popovers 197
89. Gekonfijte prosciutto 199
90. Aardappelcake met mozzarella en prosciutto 201
91. Groene Erwtenpannacotta Met Prosciutto 203
92. Limoengelato met chiazaden 206
93. Chocolade- en kersenijstaart 208
94. Chocolade bom 211
95. Ananas gebakken Alaska 213
96. In chocolade gedoopte gelato-pops 215
97. Cappuccino frappé 217
98. Gepocheerde vijgen in gekruide rode wijn met gelato 219
99. Pina colada meringue-gelatocake 221
100. Aardbeienmeringue-gelatocake 223

CONCLUSIE **226**

INVOERING

Ga op een culinaire reis naar het hart van Noordoost-Italië met "Veneto keuken", een verzameling van 100 eenvoudige en heerlijke recepten die de rijke smaken en tradities van de regio Veneto onder de aandacht brengen. Dit kookboek nodigt je uit om de gastronomische wonderen van Venetië, Verona en de pittoreske landschappen die deze hoek van Italië bepalen, te ontdekken. Ga met ons mee en vier de eenvoud, elegantie en uitzonderlijke smaak die de Venetiaanse keuken tot een waar genot maken.

Stel je de romantische grachten van Venetië voor, de glooiende heuvels van de Prosecco-wijngaarden en de bruisende markten vol verse producten en zeevruchten. "Veneto keuken" is niet zomaar een kookboek; het is een culinaire tour die de essentie van de regio Veneto vastlegt. Of je nu verlangt naar de hartige gerechten uit de bergen, de zeevruchtenlekkernijen van de Adriatische kust of de zoete verwennerijen van Venetiaanse gebakjes, deze recepten zijn gemaakt om je naar het hart van Noordoost-Italië te vervoeren.

Van heerlijke risotto's tot delicate pasta met zeevruchten, en van hartige polenta tot decadente tiramisu: elk recept is een viering van de diverse en heerlijke smaken die floreren in de Veneto. Of u nu een doorgewinterde chef-kok bent die de smaken van de regio wil nabootsen of een avontuurlijke thuiskok die graag nieuwe culinaire gebieden wil verkennen, "Veneto keuken" is uw gids om de warmte en smaken van Noordoost-Italië naar uw tafel te brengen.

Ga met ons mee terwijl we de keukens van Veneto verkennen, waar elk gerecht een bewijs is van de versheid van lokale ingrediënten, de beheersing van eenvoudige technieken en de vreugde van het genieten van het leven. Verzamel dus uw olijfolie, omarm de smaken van Prosecco en laten we beginnen aan een culinair avontuur door de "Veneto keuken".

ONTBIJT

1. Caffè Latte e Brioche (koffie en zoet brood)

INGREDIËNTEN:
- Verse brioche of croissants
- Sterke Italiaanse koffie
- Melk

INSTRUCTIES:
a) Zet een sterke kop Italiaanse koffie.
b) Verwarm de melk op het fornuis of in de magnetron.
c) Giet de koffie in een kopje en serveer met warme melk ernaast.
d) Geniet van de brioche door hem in de koffie te dopen of met jam te besmeren.

2.Pandoro-wentelteefjes

INGREDIËNTEN:
- Plakjes Pandoro (Italiaanse kersttaart)
- 2 eieren
- 1/2 kopje melk
- 1 theelepel vanille-extract
- Boter om te bakken
- Ahornsiroop en poedersuiker voor het serveren

INSTRUCTIES:
a) Klop de eieren, melk en vanille-extract in een kom.
b) Doop Pandoro-plakjes in het mengsel en bestrijk ze aan elke kant.
c) Verhit de boter in een pan en bak de plakjes goudbruin.
d) Serveer met ahornsiroop en een laagje poedersuiker.

3. Frittelle Venete (Venetiaanse carnavalsbeignets)

INGREDIËNTEN:
- 250 g bloem voor alle doeleinden
- 2 eieren
- 250 ml melk
- 50 g suiker
- 1 pakje (7 g) actieve droge gist
- Schil van 1 citroen
- Een snufje zout
- Plantaardige olie om te frituren
- Poedersuiker om te bestuiven

INSTRUCTIES:
a) Meng in een kom de bloem, suiker, gist en een snufje zout.
b) Klop in een aparte kom de eieren, melk en citroenschil door elkaar.
c) Combineer natte en droge ingrediënten, roer tot er een glad beslag ontstaat.
d) Dek af en laat het ongeveer 1-2 uur rijzen.
e) Verhit olie in een pan. Schep lepels beslag in de olie en bak ze goudbruin.
f) Laat ze uitlekken op keukenpapier, bestrooi ze met poedersuiker en serveer ze warm.

4.Speck en Fontina Ontbijtpanini

INGREDIËNTEN:
- Ciabatta of Italiaans brood
- Dun gesneden spek (gerookte prosciutto)
- Plakjes Fontina-kaas
- 1 eetlepel olijfolie

INSTRUCTIES:
a) Leg plakjes spek en Fontina op het brood.
b) Besprenkel de buitenkant van het brood met olijfolie.
c) Grill in een paninipers of in een koekenpan tot de kaas gesmolten is en het brood knapperig is.
d) Snijd en serveer warm.

CICCHETI

5. Baccalà Mantecato (roomgezouten kabeljauw)

INGREDIËNTEN:
- 200 g gezouten kabeljauw, geweekt en ontzout
- 1 teentje knoflook, fijngehakt
- 100 ml extra vergine olijfolie
- Verse peterselie, gehakt
- Sneetjes knapperig brood

INSTRUCTIES:
a) Kook de gezouten kabeljauw tot hij gemakkelijk uit elkaar valt. Giet af en laat afkoelen.
b) Snijd de kabeljauw fijn en meng deze met de gehakte knoflook.
c) Voeg geleidelijk olijfolie toe terwijl je klopt tot je een romige consistentie bereikt.
d) Verdeel de kabeljauwroom over sneetjes knapperig brood.
e) Garneer met gehakte peterselie en serveer.

6.Polpette di Sarde (Sardine Gehaktballetjes)

INGREDIËNTEN:
- 200 g verse sardines, schoongemaakt en ontbeend
- 1/2 kopje broodkruimels
- 1 ei
- 2 eetlepels geraspte Parmezaanse kaas
- Verse munt, gehakt
- Olijfolie om te frituren

INSTRUCTIES:
a) Snijd de sardientjes fijn.
b) Meng sardines, paneermeel, ei, Parmezaanse kaas en munt in een kom.
c) Vorm kleine gehaktballetjes en bak ze in olijfolie goudbruin.
d) Serveer met tandenstokers.

7. Radicchio en Taleggio Crostini

INGREDIËNTEN:
- Sneetjes stokbrood of Italiaans brood
- Radicchio, in dunne plakjes gesneden
- Taleggio-kaas, in plakjes gesneden
- Honing om te besprenkelen

INSTRUCTIES:
a) Rooster de sneetjes brood.
b) Beleg met plakjes radicchio en Taleggio.
c) Besprenkel met honing.
d) Rooster tot de kaas gesmolten en bubbelend is.
e) Serveer warm.

8.Prosciutto en Melonespiesjes

INGREDIËNTEN:
- Plakjes prosciutto
- Meloen, in hapklare blokjes gesneden
- Balsamicoglazuur om te besprenkelen

INSTRUCTIES:
a) Wikkel plakjes prosciutto rond de meloenblokjes.
b) Prik elk met een tandenstoker.
c) Schik op een serveerschaal.
d) Besprenkel vlak voor het serveren met balsamicoglazuur.

9. Arancini al Nero di Seppia (risottoballetjes met inktvisinkt)

INGREDIËNTEN:
- Restjes risotto (bij voorkeur met inktvisinkt)
- Mozzarellakaas, in kleine blokjes gesneden
- Broodkruimels
- Eieren
- Plantaardige olie om te frituren

INSTRUCTIES:
a) Neem een kleine hoeveelheid koude risotto en druk deze plat in je hand.
b) Plaats een blokje mozzarella in het midden en vorm de risotto eromheen tot een bal.
c) Doop de bal in losgeklopt ei en rol hem vervolgens door paneermeel.
d) Bak tot ze goudbruin en knapperig zijn.
e) Serveer warm met een snufje zout.

10.Gamberetti in Salsa Rosa (garnalen in roze saus)

INGREDIËNTEN:
- Gekookte garnalen, gepeld en ontdaan van darmen
- Cocktailsaus (mayonaise en ketchup gemengd)
- Citroen partjes
- Gehakte verse peterselie

INSTRUCTIES:
a) Bestrijk elke garnaal met cocktailsaus.
b) Spies de garnalen met tandenstokers.
c) Garneer met een scheutje citroensap en gehakte peterselie.
d) Koel Serveren.

11. Funghi Trifolati (gebakken champignons)

INGREDIËNTEN:
- Verse champignons, schoongemaakt en in plakjes gesneden
- Olijfolie
- Knoflook, gehakt
- Verse tijm
- Zout en peper naar smaak
- Bruschetta of knapperig brood

INSTRUCTIES:
a) Bak de champignons in olijfolie tot ze hun vocht vrijgeven.
b) Voeg gehakte knoflook toe en kook tot het geurig is.
c) Breng op smaak met verse tijm, zout en peper.
d) Serveer op bruschetta of naast knapperig brood.

12. Polenta con Salsiccia (polenta met worst)

INGREDIËNTEN:
- Polenta, in vierkanten gesneden
- Gekookte Italiaanse worst, in plakjes gesneden
- Tomatensaus
- Geraspte Parmezaanse kaas
- Verse basilicumblaadjes ter garnering

INSTRUCTIES:
a) Grill of bak de plakken polenta goudbruin.
b) Beleg elk plakje polenta met een plakje gekookte worst.
c) Schep een beetje tomatensaus over de worst.
d) Bestrooi met Parmezaanse kaas en garneer met verse basilicum.

13.Partij polenta crostini

INGREDIËNTEN:
- 1 pakje Polenta
- 200 gram Parmezaanse kaas, vers geraspt
- Olijfolie om te poetsen
- 3 Pruimtomaatjes, ontveld, zonder zaadjes en in blokjes gesneden
- 1 teentje knoflook, gepeld en fijngehakt
- 6 verse basilicumblaadjes, grof gescheurd
- 4 eetlepels Extra vergine olijfolie
- Gevlokt zeezout en versgemalen zwarte peper
- 350 gram Gemengde groenten, zoals courgettes en aubergines, schoongemaakt en in plakjes gesneden
- 1 theelepel verse tijmblaadjes
- 1 eetlepel balsamicoazijn
- 75 gram Dolcelatte-kaas, in plakjes
- 6 dunne plakjes parmaham, elk gehalveerd

INSTRUCTIES:
VOOR DE POLENTA:
a) Bereid eerst de polenta volgens de instructies op de verpakking.
b) Klop de Parmezaanse kaas door de polenta.
c) Verdeel de polenta in een grote bakplaat tot een laag van ongeveer 2,5 cm dik.
d) Laat afkoelen.

VOOR DE TOMATEN AL CRUDO:
a) Doe de tomaten in een kom en roer de knoflook, basilicum en 2 eetlepels olie erdoor.
b) Goed op smaak brengen met zout en versgemalen zwarte peper.

VOOR DE GEMARINEERDE GEGRILDE GROENTEN:
a) Verhit een bakplaat tot deze rookt, voeg dan de resterende olie toe en plaats de groenten op de bakplaat.
b) Bak 3-4 minuten aan elke kant tot ze goudbruin zijn.
c) Doe het in een kom en breng op smaak met zout, versgemalen zwarte peper en tijmblaadjes.
d) Voeg de balsamicoazijn toe.

VERZAMELEN:
a) Zodra de polenta koel en stevig is, snijd je hem in dikke, lange vingers.
b) Verwarm de grill voor op heet. Bestrijk de polentavingers met olijfolie en leg ze op een met folie beklede grillpan.
c) Rooster de polenta onder de grill gedurende 2 minuten aan elke kant tot ze goudbruin en knapperig zijn.
d) Bestrijk een derde van de polentavingers met de dolcelattekaas en de opgerolde parmaham.
e) Grill nog 2 minuten tot de kaas gesmolten is en borrelt.
f) Beleg nog een derde van de polentavingers met de al crudo tomaten en de rest met de gemengde gegrilde groenten.
g) Serveer de polenta crostini op een grote schaal.

14. Gegrilde polentavierkantjes

INGREDIËNTEN:
- 2 teentjes knoflook; fijn gesneden
- ¼ theelepel zwarte peper
- 2 kopjes Water
- 2 eetlepels Extra vergine olijfolie
- 2 kopjes voorraad
- ⅓ kopje Cotija-kaas, versnipperd
- 1 kopje Polenta
- 4 Eetlepels Olijfolie, om te bestrijken
- ½ rode ui; fijn gesneden
- 1 theelepel zeezout
- 2 eetlepels ongezouten boter

INSTRUCTIES:
a) Verhit de olijfolie in een grote, zware pan op laag vuur.
b) Kook de ui ongeveer 3 minuten voordat je de knoflook toevoegt.
c) Breng op hoog vuur de bouillon, het water en het zout aan de kook.
d) Zet het vuur laag en giet, nadat de vloeistof kookt, langzaam de polenta in een dun straaltje erbij, onder voortdurend roeren.
e) Zet het vuur heel laag en blijf 25 tot 30 minuten roeren, of totdat de polentakorrels zacht zijn geworden.
f) Voeg de zwarte peper, Cotija en boter toe en meng goed.
g) Doe de polenta in een braadpan en verdeel deze gelijkmatig.
h) Zet 1 uur weg bij kamertemperatuur.
i) Breng olie aan op de grillpan. Bestrijk de polenta met olijfolie en snijd hem in 8 vierkanten.
j) Verwarm de grillpan voor en bak de vierkantjes gedurende 9 minuten aan elke kant of tot ze goudbruin zijn.

HOOFDGERECHT

15. Risi e Bisi (Venetiaanse rijst en erwten)

INGREDIËNTEN:
- 1 kopje Arborio-rijst
- 1 kopje verse erwten (of bevroren)
- 1 kleine ui, fijngehakt
- 2 eetlepels boter
- 4 kopjes groente- of kippenbouillon
- Zout en peper naar smaak
- Geraspte Parmezaanse kaas voor erbij

INSTRUCTIES:
a) Fruit in een pan de gesnipperde ui in boter tot ze glazig is.
b) Voeg de rijst toe en kook een paar minuten tot hij licht geroosterd is.
c) Giet er een kopje bouillon bij en roer tot het is opgenomen. Blijf geleidelijk bouillon toevoegen.
d) Als de rijst bijna gaar is, voeg je verse of bevroren erwten toe.
e) Kook tot de rijst romig is en de erwten gaar zijn. Breng op smaak met zout en peper.
f) Serveer warm, gegarneerd met geraspte Parmezaanse kaas.

16. Venetiaanse spek- en bonensalade

INGREDIËNTEN:
- 5 plakjes pancetta, gehakt en gekookt
- 1 8 oz pot geroosterde rode paprika's, uitgelekt en gehakt
- 1 kopje kerstomaatjes, gehalveerd
- 3 eetlepels extra vergine olijfolie
- 1 pond verse babyspinazie
- 2 teentjes knoflook, gehakt
- 1 15 oz. blikje cannellinibonen, afgespoeld en uitgelekt
- 3 eetlepels rode wijnazijn
- 1/2 theelepel zout
- 1/2 theelepel versgemalen zwarte peper
- 1/2 theelepel suiker
- 1/4 kopje verse Italiaanse platte peterselie, gehakt
- 1/4 kopje verse basilicum, gehakt

INSTRUCTIES:
a) Meng het spek, de paprika en de tomaten in een middelgrote kom.
b) Spoel de spinazie en verwijder de steeltjes.
c) In een grote koekenpan bak je de spinazie en knoflook in de olijfolie tot de spinazie geslonken is.
d) Roer de cannelliniboon erdoor en kook 1 minuut.
e) Voeg de azijn, zout, peper en suiker toe en kook 1 minuut.
f) Schep het mengsel op een serveerschaal en garneer met het pancetta-, paprika- en tomatenmengsel. Serveer warm.

17.Venetiaanse rijst- en erwtensoep

INGREDIËNTEN:
- 1 gele ui, gehakt
- 2 teentjes knoflook, gehakt
- 1 el extra vergine olijfolie
- 5 eetlepels boter
- 1 10oz. Pakket bevroren erwten
- 1/2 theelepel zout
- 1/2 theelepel versgemalen zwarte peper
- 1 kopje Arborio-rijst, ongekookt
- 6 kopjes kippenbouillon
- 1/4 kopje verse Italiaanse peterselie
- 1/2 kop vers geraspte Parmezaanse kaas

INSTRUCTIES:
a) Fruit in een grote pan de uien en knoflook in de olijfolie en boter tot ze gaar zijn.
b) Voeg de erwten toe en kook 2 tot 3 minuten.
c) Breng op smaak met zout en peper.
d) Voeg de rijst toe en roer een paar minuten.
e) Roer de kippenbouillon erdoor en breng aan de kook.
f) Zet het vuur lager en laat ongeveer 30 minuten koken tot de rijst gaar is.
g) Roer de peterselie erdoor.
h) Haal van het vuur en roer er vlak voor het serveren de Parmezaanse kaas door.

18. Gestoofd kalfsvlees met pompoen

INGREDIËNTEN:
- 1 flespompoen, gehalveerd, zonder zaden en vezels.
- 3 eetlepels extra vergine olijfolie
- 1 eetlepel boter
- 2 middelgrote gele uien, gehakt
- 2 teentjes knoflook, gehakt
- 2 eetlepels verse rozemarijn
- 2 pond kalfsvlees in blokjes
- 1/2 theelepel zout
- 1 theelepel versgemalen zwarte peper
- 1 kopje Marsala-wijn
- 2 kopjes runderbouillon

INSTRUCTIES:
a) Schil de flespompoen en snij in stukken van 1/2 inch.
b) Kook de pompoen in 3 liter kokend gezouten water tot hij gaar is.
c) Giet af en zet opzij.
d) Fruit in een kleine koekenpan de uien, knoflook en rozemarijn in 2 eetlepels olijfolie tot de uien glazig zijn. Opzij zetten.
e) In een grote pan het kalfsvlees aan alle kanten bruin bakken in de resterende olie en de boter>
f) Breng op smaak met zout en peper.
g) Voeg de Marsala toe en kook 2 minuten.
h) Voeg het uienmengsel toe. pompoen en bouillon en breng aan de kook.
i) Zet het vuur lager, dek af en laat 1 tot 1,5 uur koken tot het vlees gaar is en de pompoen gepureerd is.

19. Canederli al Formaggio (kaasknoedels)

INGREDIËNTEN:
- 300 g oud brood, in blokjes
- 1 kopje melk
- 2 eieren
- 150 g kaas (Fontina of Asiago), geraspt
- 1/4 kopje boter
- 1/4 kop broodkruimels
- Zout en nootmuskaat naar smaak

INSTRUCTIES:
a) Week de broodblokjes in melk tot ze zacht zijn.
b) Meng de eieren, geraspte kaas, zout en een snufje nootmuskaat erdoor.
c) Vorm van het mengsel kleine balletjes.
d) Kook dumplings in kokend gezouten water tot ze drijven.
e) Smelt de boter in een aparte pan en bak het broodkruim goudbruin.
f) Rol de dumplings door het paneermeelmengsel.
g) Serveer warm.

20.Pizzoccheri della Valtellina

INGREDIËNTEN:
- 250 g Pizzoccheri-pasta (boekweitpasta)
- 200 g Savooikool, versnipperd
- 150 g aardappelen, geschild en in blokjes
- 100 g boter
- 1 teentje knoflook, fijngehakt
- 200 g Valtellina Casera-kaas, geraspt
- 100 g Parmezaanse kaas, geraspt
- Zout en peper naar smaak

INSTRUCTIES:
a) Kook pizzoccheri-pasta, kool en aardappelen in kokend gezouten water.
b) Smelt de boter in een aparte pan en fruit de gehakte knoflook.
c) Giet de pasta en de groenten af en meng ze met de boter en de knoflook.
d) Voeg geraspte Valtellina Casera en Parmezaanse kaas toe.
e) Breng op smaak met zout en peper.
f) Heet opdienen.

21. Pasta e Fagioli Veneta (Venetiaanse pasta- en bonensoep)

INGREDIËNTEN:
- 250 g pasta (zoals ditalini of kleine schelpen)
- 1 kop borlottibonen, gekookt
- 1 ui, gehakt
- 2 teentjes knoflook, fijngehakt
- 2 eetlepels tomatenpuree
- 1/4 kop olijfolie
- 1 liter groentebouillon
- Zout en peper naar smaak
- Verse peterselie, gehakt voor garnering

INSTRUCTIES:
a) Fruit in een pan de ui en knoflook in olijfolie tot ze zacht zijn.
b) Voeg de tomatenpuree toe en kook een paar minuten.
c) Voeg gekookte borlottibonen en groentebouillon toe.
d) Breng aan de kook en voeg dan pasta toe. Kook tot de pasta al dente is.
e) Breng op smaak met peper en zout en garneer met verse peterselie.
f) Heet opdienen.

22. Spezzatino di Manzo al Barolo (stoofpot van rundvlees met Barolo-wijn)

INGREDIËNTEN:
- 500 g stoofvlees, in blokjes
- 1 ui, fijngehakt
- 2 wortels, in blokjes gesneden
- 2 stengels bleekselderij, in blokjes gesneden
- 2 teentjes knoflook, fijngehakt
- 1 kopje Barolo-wijn
- 2 kopjes runderbouillon
- 2 eetlepels tomatenpuree
- Verse rozemarijn en tijm
- Olijfolie
- Zout en peper naar smaak

INSTRUCTIES:
a) Bak de rundvleesblokjes in een pan in olijfolie.
b) Voeg uien, wortels, selderij en knoflook toe. Sauteer tot de groenten zacht zijn.
c) Roer de tomatenpuree erdoor en kook een paar minuten.
d) Schenk de Barolo-wijn erbij en laat inkoken.
e) Voeg runderbouillon, verse kruiden, zout en peper toe.
f) Laat op laag vuur sudderen tot het vlees gaar is.
g) Serveer met polenta of aardappelpuree.

23. Trofie al Pesto Genovese (Trofie Pasta met Genovese Pesto)

INGREDIËNTEN:
- 400 g trofiepasta
- 2 kopjes verse basilicumblaadjes
- 1/2 kop geraspte Pecorino-kaas
- 1/2 kop geraspte Parmezaanse kaas
- 1/2 kop pijnboompitten
- 2 teentjes knoflook
- Extra vergine olijfolie
- Zout en peper naar smaak

INSTRUCTIES:
a) Kook de trofiepasta in gezouten kokend water tot ze beetgaar zijn.
b) Meng basilicum, pecorino, parmezaanse kaas, pijnboompitten en knoflook in een keukenmachine.
c) Voeg geleidelijk olijfolie toe tot er een gladde pesto ontstaat.
d) Meng de gekookte pasta met de pesto.
e) Breng op smaak met zout en peper.
f) Serveer met extra geraspte kaas erbovenop.

24.Stracotto di Manzo (stoofvlees)

INGREDIËNTEN:
- 1,5 kg rundvleesgebraad
- 1 ui, gesneden
- 2 wortels, in blokjes gesneden
- 2 stengels bleekselderij, in blokjes gesneden
- 2 teentjes knoflook, fijngehakt
- 2 kopjes rode wijn
- 1 kopje runderbouillon
- 2 eetlepels tomatenpuree
- Verse rozemarijn en tijm
- Olijfolie
- Zout en peper naar smaak

INSTRUCTIES:
a) Verwarm de oven voor op 160°C.
b) Kruid het rundvleesgebraad met peper en zout.
c) Bak het braadstuk in een Nederlandse oven aan alle kanten bruin in olijfolie.
d) Voeg uien, wortels, selderij en knoflook toe. Sauteer tot de groenten zacht zijn.
e) Roer de tomatenpuree erdoor en kook een paar minuten.
f) Giet rode wijn en runderbouillon erbij. Voeg verse kruiden toe.
g) Dek af en breng de pot naar de oven. Kook 2-3 uur of tot het vlees gaar is.
h) Serveer plakjes stoofvlees met de groenten en de pannensappen.

25. Geroosterde Red Snapper met Aardappel en Olijven

INGREDIËNTEN:
- 4 grote bakaardappelen, geschild en in dunne plakjes gesneden
- 6 eetlepels extra vergine olijfolie
- 1 eetlepel verse rozemarijn, gehakt
- 1 theelepel zout
- 1 theelepel versgemalen zwarte peper
- 15 kerstomaatjes, gehalveerd
- 1 kopje Gaeta- of Kalamata-olijven, ontpit
- 1 grote hele red snapper of zwarte zeebaars, schoongemaakt en geschubd
- 1/2 kopje verse Italiaanse platte peterselie, gehakt
- 3 takjes tijm
- 1 en 1/2 kopjes droge witte wijn

INSTRUCTIES:
a) Verwarm de oven voor op 400 graden.
b) Meng in een grote kom de aardappelen, 3 eetlepels olijfolie en rozemarijn.
c) Breng de aardappelen op smaak met peper en zout
d) Doe het aardappelmengsel in een ovenschaal.
e) Voeg de tomaten en olijven toe en sprenkel er nog een beetje olie over.
f) Breng de vis op smaak met zout en peper.
g) Vul de vis met de peterselie en tijm.
h) Leg de vis op de aardappelen en wrijf de bovenkant in met de resterende olijfolie.
i) Giet de witte wijn rond de vis.
j) Bedek de bakvorm met aluminiumfolie en bak gedurende 50 minuten.
k) Verwijder de folie, bedruip de vis en braad de vis nog ongeveer 20 minuten.
l) Leg de vis op een snijplank.
m) Schep het aardappelmengsel op een grote schaal.
n) Fileer de vis en leg deze over de aardappel, tomaat en olijven.
o) Sprenkel het panvocht erover en serveer.

RISOTTO

26. Risotto al Tartufo Nero (risotto van zwarte truffel)

INGREDIËNTEN:
- 2 kopjes Arboriorijst
- 1/2 kopje droge witte wijn
- 1 kleine ui, fijngehakt
- 2 teentjes knoflook, fijngehakt
- 1/4 kopje zwarte truffelpasta of olie
- 4 kopjes kippen- of groentebouillon
- Geraspte Parmezaanse kaas
- Verse bieslook, gehakt voor garnering
- Zout en peper naar smaak

INSTRUCTIES:
a) Fruit de ui en knoflook in truffelpasta of olie tot ze zacht zijn.
b) Voeg rijst toe en kook een paar minuten.
c) Giet de wijn erbij en kook tot deze verdampt.
d) Voeg geleidelijk de hete bouillon toe en roer regelmatig tot de rijst romig en gaar is.
e) Breng op smaak met zout en peper.
f) Roer de geraspte Parmezaanse kaas erdoor en garneer met verse bieslook.
g) Serveer onmiddellijk.

27. Risotto van erwten en ham

INGREDIËNTEN:
- ongerookt hamskelet 1kg
- wortel, ui en stengel bleekselderij 1 van elk, gehakt
- boeketgarnituur 1
- zwarte peperkorrels 1 theelepel

RISOTTO
- platte peterselie een klein bosje, blaadjes en stengels fijngehakt
- boter 2 eetlepels
- olijfolie 2 eetlepels
- ui 1 groot, in blokjes gesneden
- knoflook 2 teentjes, geperst
- risottorijst 300 g
- witte wijn 150 ml
- diepvrieserwten 400 g
- Parmezaanse kaas 50 g, geraspt

INSTRUCTIES:

a) Was het spronggewricht en doe het in een grote pan met de resterende bouillon en de peterseliestengels van de risotto.

b) Bedek met net gekookt water en laat afgedekt 3-4 uur sudderen, waarbij eventuele onzuiverheden die naar de oppervlakte komen worden afgeroomd en indien nodig worden bijgevuld, totdat het vlees loskomt van het bot. Haal het spronggewricht uit de vloeistof en laat iets afkoelen.

c) Zeef en proef de bouillon (er moet 1,5 liter zijn) – hij moet behoorlijk zout zijn met veel smaak. Giet het in een pan op laag vuur.

d) Verhit 1 eetlepel boter en de olie in een diepe koekenpan op middelhoog vuur. Bak de ui gedurende 10 minuten tot ze zacht is. Roer de knoflook erdoor, bak 1 minuut, voeg dan de rijst toe en kook 2-3 minuten om de rijst te roosteren.

e) Giet de wijn erbij en laat borrelen tot deze bijna verdwenen is. Voeg dan de bouillon toe, pollepel per keer, en roer regelmatig gedurende 20-25 minuten, of tot de rijst zacht en romig is.

f) Verwijder het vel van de ham, snijd het vlees in stukken en gooi de botten weg.

g) Roer het grootste deel van de ham en alle erwten door de risotto. Roer tot de erwten gaar zijn. Haal van het vuur, roer de Parmezaanse kaas en de resterende boter erdoor, dek af en laat 10 minuten rusten.

h) Bestrooi met de overgebleven ham, een scheutje olie en de peterselie.

28. Ham & aspergesrisotto primavera

INGREDIËNTEN:
- gerookt hamskelet 1, indien nodig een nacht geweekt
- wortel 1
- ongezouten boter 100 g, in blokjes
- uien 3 middelgrote, 2 fijngesneden
- knoflook 2 teentjes
- tijm een takje, fijngehakt
- risottorijst 200 g
- parelgort 200g
- erwten 150 g
- Tuinbonen 150 g, dubbele peul als je wilt
- asperges 6, schuin gesneden
- lente-uitjes 4, schuin gesneden
- sperziebonen 20, in korte stukken gesneden
- mascarpone 100 g
- Parmezaanse kaas 85 g, geraspt

INSTRUCTIES:

a) Doe het hamskelet in een pan met schoon, koud water, samen met de wortel en de gehalveerde ui.

b) Breng aan de kook en laat 2,5 uur koken, waarbij u af en toe het oppervlak afschept. Vul de pan indien nodig bij met water.

c) Smelt de boter in een zware pan en voeg de ui, knoflook en tijm toe. Kook tot het zacht maar niet gekleurd is.

d) Voeg de rijst en de Alkmaarse gort toe en kook een paar minuten tot ze bedekt zijn met de boter. Voeg geleidelijk de bouillon van de ham en de groenten toe, al roerend.

e) Na ongeveer 15-20 minuten roeren en sudderen heb je bijna alle bouillon opgebruikt. Proef je risotto en als je tevreden bent met de textuur, haal de risotto dan van het vuur maar bewaar hem wel in de buurt.

f) Kook een pan met water en blancheer alle groene groenten, behalve de lente-uitjes, gedurende 30 seconden. Giet af en doe bij de risotto.

g) Zet de risotto terug op een matig vuur en roer de groenten, lente-uitjes en ham erdoor en laat alles doorwarmen en op smaak brengen. Roer de mascarpone en de geraspte Parmezaanse kaas erdoor en serveer.

29. Risotto al Nero di Seppia (risotto met inktvisinkt)

INGREDIËNTEN:
- 2 kopjes Arboriorijst
- 1/2 kopje droge witte wijn
- 1 kleine ui, fijngehakt
- 2 teentjes knoflook, fijngehakt
- 500 g inktvis of inktvis, schoongemaakt en in plakjes gesneden
- 2 eetlepels inktvisinkt
- 4 kopjes zeevruchten- of groentebouillon
- Zout en peper naar smaak
- Verse peterselie, gehakt voor garnering
- Geraspte Parmezaanse kaas (optioneel)

INSTRUCTIES:
a) In een pan de ui en knoflook in olijfolie fruiten tot ze glazig zijn.
b) Voeg rijst toe en kook een paar minuten.
c) Giet de wijn erbij en kook tot deze verdampt.
d) Voeg de inktvis toe en bak kort mee.
e) Los de inktvisinkt op in een pollepel hete bouillon en voeg dit toe aan de rijst.
f) Voeg geleidelijk de resterende bouillon toe en roer regelmatig tot de rijst romig en gaar is.
g) Breng op smaak met peper en zout, garneer met peterselie en serveer eventueel met Parmezaanse kaas.

30.Spek en Tomatenrisotto

INGREDIËNTEN:
- olie om te frituren
- ui 1, fijngehakt
- knoflook 1 teentje, geperst
- spek 4 plakjes rug, fijngehakt
- risottorijst of carnaroli of arborio 200 g
- kippenbouillon vers, aangemaakt tot 1 liter
- kerstomaatjes 12, verwijder eventueel de steeltjes

INSTRUCTIES:
a) Verhit een beetje olie in een ruime pan en bak de ui een paar minuten zachtjes tot ze zacht is, voeg de knoflook en de helft van het spek toe en bak alles samen.
b) Voeg de rijst toe, roer goed en voeg dan een paar pollepels tegelijk de bouillon toe, roer elke portie door tot de rijst volledig is opgenomen en de risotto romig is maar nog wel een beetje bite heeft (je hoeft misschien niet alle bouillon te gebruiken).).
c) Verhit ondertussen een andere pan met een beetje olie en bak het resterende spek met de tomaten op hoog vuur bruin. Schep de risotto erover en serveer.

31. Pancetta-risotto met radicchio

INGREDIËNTEN:
- boter 25g
- olijfolie 2 eetlepels
- sjalotjes 4, fijngesneden
- gerookte pancetta 75 g, in blokjes
- radicchio 1, ongeveer 225 g
- risottorijst 225g
- kippenbouillon 500-600 ml
- pancetta 4-6 plakjes, in dunne plakjes gesneden
- volle crème fraîche 2 eetlepels
- Parmezaanse kaas 25-50 g, fijn geraspt

INSTRUCTIES:
a) Smelt de boter en olijfolie in een kleine ovenschaal. Voeg de sjalotjes toe en bak zachtjes tot ze zacht zijn. Voeg de in blokjes gesneden pancetta toe en blijf al roerend koken tot het bijna knapperig is. Snijd intussen de bovenste helft van de radicchio en rasp deze. Snijd de onderste helft in dunne partjes. Snijd de wortel af, maar laat genoeg over om de partjes bij elkaar te houden.
b) Voeg de rijst toe aan de pan, roer stevig gedurende een minuut of twee en voeg dan de geraspte radicchio en een pollepel bouillon toe. Laat zachtjes koken, roer af en toe en voeg meer bouillon toe zodra deze is opgenomen.
c) Verhit intussen een gietijzeren grillpan en bak de radicchio-partjes aan beide kanten zodat ze licht verkoold zijn. Verwijder en zet opzij.
d) Verhit een koekenpan en bak de plakjes pancetta droog tot het vet goudbruin kleurt. Haal ze uit de pan en zet ze opzij – ze worden knapperig.
e) Als de rijst bijna gaar is maar nog wel een goede bite heeft (ongeveer 20 minuten), controleer dan op smaak, zet het vuur uit, voeg de crème fraîche en de extra boter toe, roer goed, doe de deksel op de pan en laat 5 minuten staan . Roer vlak voor het serveren de op houtskool gegrilde radicchio-wiggen erdoor.
f) Beleg elk bord met de knapperige pancetta en Parmezaanse kaas.

32.Pompoenrisotto

INGREDIËNTEN:
- 75 g dik gesneden pancetta of gerookt buikspek van topkwaliteit, in blokjes
- 1 middelgrote ui, gehakt
- 500 g rijpe oranje pompoen of flespompoen, geschild, zonder zaadjes en fijngehakt
- zeezout en versgemalen zwarte peper
- 400 g (14 oz), bij voorkeur Carnaroli-rijst
- Ongeveer 1,2 liter groente- of kippenbouillon, aan de kook gehouden
- een handvol fijngehakte verse peterselie
- 1 theelepel citroensap of witte wijnazijn
- 2 eetlepels ongezouten boter
- 3 volle eetlepels vers geraspte Grana Padano-kaas

INSTRUCTIES:
a) Bak de pancetta zachtjes in een grote pan met dikke bodem tot het vet eruit loopt, voeg dan de ui toe en bak tot hij zacht is.
b) Voeg de pompoen toe en kook zachtjes met de ui en de pancetta tot ze zacht en papperig zijn.
c) Voeg de rijst toe en rooster deze voorzichtig aan alle kanten, begin dan met het toevoegen van de bouillon, roer en laat de rijst de vloeistof opnemen, voeg meer bouillon toe, breng op smaak en voeg meer toe als de rijst de vloeistof heeft opgenomen.
d) Ga op deze manier door tot de rijst gaar is en alle granen dik en gaar zijn.
e) Roer de peterselie, het citroensap of de azijn, de boter en de Grana Padano erdoor, haal van het vuur en dek af.
f) Laat het drie minuten staan, roer opnieuw en doe het op een voorverwarmde schaal. Serveer in één keer.

33.Ossenhaas & preirisotto

INGREDIËNTEN:

- 2 8 oz ossenhaas
- 50 gram arborio rijst
- 100 gram Verse peterselie
- ½ klein Prei
- 2 ons Zwarte pudding
- 40 gram Gerookte Wedmore-kaas
- 20 gram Peterselie
- 1 Ansjovisfilet uit blik
- 1 eetlepel Pijnboompitten; geroosterd
- 2 Teentjes knoflook; gehakt
- ½ Rode ui; gehakt
- ½ Fles rode wijn
- 500 milliliter Verse runderbouillon
- ½ Wortel; klein gesneden
- ½ Rode peper; klein gesneden
- 15 gram Platte bladpeterselie
- Balsamico azijn
- Boter
- Virgin olijfolie
- Steenzout en versgemalen zwarte peper

INSTRUCTIES:

a) Maak eerst de risotto door de helft van de ui en de knoflook in een koekenpan met een beetje boter te bakken en ongeveer 30 seconden te laten koken zonder te kleuren.

b) Voeg vervolgens de rijst toe en kook nog eens 30 seconden. Voeg vervolgens 250 ml bouillon toe en breng aan de kook. Snijd de prei in kleine blokjes en doe deze in de pan en laat ongeveer 13 minuten koken om de rijst te koken.

c) Om de pesto te maken, die behoorlijk dik moet zijn, doe je de peterselie, het teentje knoflook, ansjovis, pijnboompitten en wat olijfolie in een blender en pureer je het tot een pesto en laat je het opzij zetten.

d) Verhit vervolgens een koekenpan, kruid de filet en bak hem goed af in een beetje olie. Blus de pan af met de rode wijn en de bouillon, breng aan de kook, laat 5 minuten zachtjes koken en verwijder dan de biefstuk. Zet het vuur hoger en laat het iets dikker worden. Maak de saus af met een klontje boter en kruiden.

e) Voeg voor het serveren de geschilde en in blokjes gesneden bloedworst toe aan de risotto en de gerookte kaas, de gehakte platte peterselie en breng goed op smaak. Plaats dit in het midden van elk bord met de biefstuk erop.

f) Bestrijk met een eetlepel peterseliepesto en serveer met de saus langs de rand en bestrooi met de kleine blokjes groenten.

34. Risotto van Cheddar en Lente-ui

INGREDIËNTEN:
- boter 25g
- lente-uitjes 6, gehakt
- risottorijst 150 g
- witte wijn een scheutje (optioneel)
- groente- of kippenbouillon 750 ml
- Dijonmosterd ½ theelepel
- rijpe cheddar 100 g, geraspt

BALSAMIC TOMATEN
- olijfolie 1 eetlepel
- kerstomaatjes 100 gr
- balsamicoazijn een scheutje
- basilicum een klein bosje, gehakt

INSTRUCTIES:
a) Smelt de boter in een brede, ondiepe pan. Kook de lente-uitjes gedurende 4-5 minuten of tot ze zacht zijn. Voeg de rijst toe en kook al roerend een paar minuten. Voeg de wijn toe, indien gebruikt, en laat borrelen tot deze is opgenomen.
b) Roer geleidelijk beetje bij beetje de bouillon erdoor, wacht opnieuw tot het is opgenomen voordat je meer toevoegt. Herhaal dit totdat de rijst romig, vochtig en zacht is (je hoeft misschien niet alle bouillon te gebruiken, of je moet misschien een scheutje meer toevoegen als het mengsel te dik is).
c) Verhit ondertussen de olijfolie in een aparte kleine pan op middelhoog vuur en kook de tomaten met veel kruiden tot ze net beginnen te barsten.
d) Roer de mosterd en kaas door de risotto en breng eventueel op smaak met peper en wat zout. Schep in warme kommen en garneer met de tomaten, een scheutje balsamico en wat basilicum.

35. Risotto van rode biet

INGREDIËNTEN:
- boter 50 g
- ui 1, fijngehakt
- risottorijst 250 g
- witte wijn 150 ml
- groentebouillon 1 liter, heet
- kant-en-klare bietenverpakking van 300 g
- Citroen 1, geraspt en uitgeperst
- platte peterselie een klein bosje, grof gehakt
- zachte geitenkaas 125g
- walnoten een handvol, geroosterd en gehakt

INSTRUCTIES:

a) Smelt de boter in een diepe koekenpan en bak de ui met wat kruiden in 10 minuten zacht. Doe de rijst erbij en roer tot alle korrels bedekt zijn. Giet dan de wijn erbij en laat 5 minuten borrelen.

b) Voeg de bouillon al roerend lepel voor lepel toe. Voeg pas meer toe als de vorige portie is opgenomen.

c) Neem ondertussen de helft van de rode biet en maal deze in een kleine blender tot een gladde massa, en hak de rest fijn.

d) Zodra de rijst gaar is, roer je de gezoete en gehakte bieten, de citroenschil en het sap, en het grootste deel van de peterselie erdoor. Verdeel over de borden en garneer met een verkruimeld geitenkaasje, de walnoten en de overgebleven peterselie.

36. Courgetterisotto

INGREDIËNTEN:
- groente- of kippenbouillon 900 ml
- boter 30 g
- babycourgettes 200 g (ongeveer 5-6), in dikke diagonaal gesneden
- olijfolie 2 eetlepels
- sjalotjes 1 lang of 2 rond, fijngehakt
- knoflook 1 teentje, geperst
- risottorijst 150 g
- droge witte wijn een klein glas
- munt een handvol blaadjes, fijngehakt
- citroen ½, geraspt en uitgeperst
- Parmezaanse kaas (of vegetarisch alternatief) 30 g, fijn geraspt, plus extra om te serveren

INSTRUCTIES:
a) Bewaar de bouillon in een pan op laag vuur.
b) Smelt de helft van de boter in een diepe, brede koekenpan. Bak de courgettes met wat kruiden aan beide kanten tot ze licht goudbruin zijn. Schep uit en laat uitlekken op keukenpapier. Veeg de pan schoon.
c) Verhit 2 eetlepels olijfolie in dezelfde pan en kook de sjalotten en knoflook zachtjes gedurende 6-8 minuten of tot ze zacht beginnen te worden. Roer de rijst erdoor en laat een minuutje doorwarmen.
d) Giet de wijn erbij en laat borrelen, al roerend tot deze verdampt. Voeg de bouillon lepel voor lepel toe, zodat de vloeistof kan worden opgenomen voordat u nieuwe toevoegt. Blijf bouillon toevoegen tot de rijst gaar is en nog een klein beetje beet heeft.
e) Roer de courgettes erdoor en laat ze een minuutje doorwarmen. Voeg de munt toe en roer het door de rijst met het citroensap en de schil, de Parmezaanse kaas, de resterende boter en een laatste pollepel bouillon. De risotto moet romig en vochtig zijn en eerder zo stijf, dus voeg eventueel extra bouillon toe.
f) Doe een deksel erop en laat een paar minuten staan. Serveer het dan in warme kommen met eventueel extra kaas.

37. Venkelrisotto met pistachenoten

INGREDIËNTEN : _
- 2 kopjes Kippenbouillon, gecombineerd met
- 1 kopje water
- 1 eetlepel Boter of margarine
- 2 eetlepels Olijfolie
- 1 kopje Fijngesneden ui
- 1 middel Venkelknol
- 1 middel Rode paprika, fijngehakt
- 2 mediums Teentjes knoflook, fijngehakt
- 1½ kopje arborio rijst
- ⅓ kopje Gepelde pistachenoten, gehakt
- Vers gemalen zwarte peper
- ¼ kopje Geraspte Parmezaanse kaas

INSTRUCTIES:

a) Verwarm de bouillon-watercombinatie op middelhoog vuur. Blijf warm.
b) Verhit de boter en de olie in een grote koekenpan, bij voorkeur met een antiaanbaklaag, of een grote pan, op middelhoog vuur tot ze heet zijn. Voeg de ui, venkel en rode paprika toe; sauteer 5 minuten. Voeg de knoflook toe en bak nog een minuut.
c) Roer de rijst erdoor en kook al roerend 2 minuten. Begin langzaam de vloeistof toe te voegen, ongeveer pollepel per keer. Kook, afgedekt, op middelhoog vuur, 10 minuten, af en toe roerend.
d) Voeg de vloeistof langzaam toe en roer regelmatig. Wacht elke keer tot de vloeistof is opgenomen voordat je de volgende pollepel toevoegt. Herhaal het kookproces, afgedekt, 10 minuten.
e) Ontdek en blijf de vloeistof toevoegen en roer vaak. De risotto moet ongeveer 30 minuten koken. De afgewerkte risotto moet romig zijn, met een beetje taaiheid in het midden van de rijst.
f) Voeg de pistachenoten, peper en Parmezaanse kaas toe aan de afgewerkte risotto en roer tot alles gemengd is.

38. Risotto van gekruide zoete aardappel

INGREDIËNTEN:
- 1 eetlepel Virgin olijfolie
- 1 kopje Blokjes (1") zoete aardappelen
- 1 kopje arborio rijst
- ½ kopje Gehakte uien
- 1 eetlepel Gehakte verse salie
- 1 theelepel Geraspte sinaasappelschil
- ⅛ theelepel Gemalen nootmuskaat
- 2 kopjes Ontvette kippenbouillon
- ¼ kopje sinaasappelsap
- Zout en zwarte peper
- 1 eetlepel Geraspte Parmezaanse kaas
- 2 eetlepels Gehakte verse Italiaanse peterselie

INSTRUCTIES:
a) Zet de olie in een grote magnetronbestendige kom gedurende 1 minuut op de hoogste stand in de magnetron.
b) Roer de zoete aardappelen, rijst, uien, salie, sinaasappelschil en nootmuskaat erdoor.
c) Magnetron, onbedekt gedurende 1 minuut. Roer 1½ kopje bouillon erdoor.
d) Magnetron gedurende 10 minuten, roer halverwege het koken een keer.
e) Roer de resterende ½ kopje bouillon en sinaasappelsap erdoor. Magnetron gedurende 15 minuten, halverwege het koken een keer roeren.
f) Voeg zout en peper naar smaak toe. Bestrooi met Parmezaanse kaas en peterselie.

39. Risoto met champignons

INGREDIËNTEN:
- 4½ kopje Groentebouillon; of met miso doordrenkte bouillon, hartig
- 1 eetlepel Extra vergine olijfolie
- ½ kopje rozen-sushirijst
- ½ kopje Belang
- Kosjer zout
- Vers gemalen zwarte peper
- ½ kopje Enoki-paddenstoelen
- ½ kopje Gehakte lente-uitjes
- ¼ kopje Radijs spruiten

INSTRUCTIES:
a) Als u de met miso doordrenkte bouillon gebruikt, combineer dan 1 eetlepel miso met 4½ kopjes water en breng aan de kook. Zet het vuur lager en laat sudderen.

b) Verhit de olijfolie in een grote pan op middelhoog vuur. Voeg de rijst toe, onder voortdurend roeren in één richting, tot hij goed bedekt is. Haal de pan van het vuur en voeg de sake toe.

c) Zet het vuur terug en roer voortdurend in één richting totdat alle vloeistof is opgenomen. Voeg de bouillon of bouillon toe in stappen van een halve kop, onder voortdurend roeren totdat alle vloeistof bij elke toevoeging is opgenomen.

d) Breng op smaak met zout en peper. Schep in serveerschalen, garneer met de champignons, lente-uitjes en spruitjes en serveer.

e) Garneer met delicate enokipaddestoelen, gehakte lente-uitjes en pittige radijsspruiten.

40. Bosbessenrisotto met boletus

INGREDIËNTEN:

- 8¾ ounce Verse boletus , in plakjes gesneden
- 1 klein Ui; fijn gesneden
- ¾ ons Boter
- 5 ons Risottorijst; ongepolijst
- 5½ ons Bosbessen
- ¼ kopje Witte wijn; droog
- 1¾ kopje Bouillon
- ¼ kopje Olijfolie
- 1 Takje tijm
- 1 Teentje knoflook; gepureerd
- 2 ons Boter

INSTRUCTIES:

a) Verhit de boter in een pan en fruit de ui. Roer de rijst en de bosbessen erdoor en bak kort mee. Bevochtig met wijn, kook tot het is opgenomen; bevochtig met bouillon en kook tot ze gaar zijn. Blijf voortdurend roeren, voeg indien nodig wat bouillon toe. Breng op smaak met zout en peper.

b) Verhit de olie in een koekenpan en bak de champignons, knoflook en tijm. Roer de boter door de risotto. Breng over naar warme borden en versier met champignons.

41.Risotto van asperges en paddenstoelen

INGREDIËNTEN:
- Olijfolie of slaolie
- 1½ pond Asperges, harde uiteinden afgesneden en speren in stukjes van 1 1/2 inch gesneden
- 2 mediums Wortelen, in dunne plakjes gesneden
- ¼ pond Shiitake-paddenstoelen, stengels verwijderd en hoedjes in plakjes van 1/4 inch dik gesneden
- 1 middel Ui, gehakt
- 1 middel Rode paprika, gesneden in 1 inch lange luciferdunne reepjes
- 2 pakken (5,7 oz) primavera-smaak OF risottomix met paddenstoelensmaak
- Takjes peterselie ter garnering
- Geraspte Parmezaanse kaas (optioneel)

INSTRUCTIES:
a) Kook de asperges in een pan van 4 liter op middelhoog vuur, in 1 T hete olijfolie of slaolie, tot ze goudbruin en zacht en knapperig zijn. Verwijder de asperges met een schuimspaan en doe ze in een kom.
b) In de olie die in de pan achterblijft en extra hete olijfolie of slaolie, kook je wortels, champignons en ui tot de groenten gaar zijn knapperig en begint bruin te worden. Voeg rode peper toe; kook, roer, 1 minuut.
c) Voeg de risottomix en 4 C water toe, breng op hoog vuur aan de kook.
d) Zet het vuur laag; dek af en laat 20 minuten sudderen. Haal de pan van het vuur. Roer de asperges erdoor; dek af en laat 5 minuten staan zodat de rijst de vloeistof kan opnemen.
e) Om te serveren, schep je de risotto op een schaal. Garneer met takjes peterselie.
f) Serveer eventueel met geraspte Parmezaanse kaas.

42. Speltrisotto met champignons

INGREDIËNTEN:
- gedroogde eekhoorntjesbrood 20 g
- plantaardige olie 2 eetlepels
- kastanjechampignons 250 g, in plakjes
- ui 1, fijngehakt
- knoflook 2 teentjes, fijngehakt
- geparelde spelt 250g
- witte wijn per glas (optioneel)
- groentebouillon 500 ml, heet
- zachte kaas 2 eetlepels
- Italiaanse harde kaas 25 g, fijn geraspt, plus extra om te serveren
- platte peterselie een klein bosje, blaadjes gescheurd
- Citroen 1, geraspt en een scheutje sap

INSTRUCTIES:

a) Doe het gedroogde eekhoorntjesbrood in een kleine kom en giet er 250 ml net gekookt water over.

b) Verhit 1 eetlepel plantaardige olie in een grote koekenpan op hoog vuur en voeg de kastanjechampignons toe. Kook 5-10 minuten of tot al het vocht verdampt is en ze gekarameliseerd zijn.

c) Zet het vuur lager, voeg de resterende olie, de ui, de knoflook en een beetje kruiden toe en laat 5 minuten zachtjes koken tot ze zacht zijn.

d) Voeg de spelt toe en meng tot deze volledig bedekt is met olie. Giet de wijn erbij, indien gebruikt, en kook tot 1/2 ingekookt.

e) Giet de porcini af, bewaar het vocht, hak ze fijn en roer ze door de risotto. Voeg het porcini-vocht toe aan de bouillon en roer pollepel voor pollepel door de risotto. Kook gedurende 25 minuten of tot de spelt gaar is.

f) Roer de zachte en harde kazen erdoor, gevolgd door de peterselie.

g) Verdeel het mengsel over kommen, knijp er wat citroensap over, strooi er de citroenschil over en eventueel wat extra kaas.

43. Mosselrisotto

INGREDIËNTEN:

- 1,2 kg verse, levende mosselen, grondig geschrobd en schoongemaakt
- 6 eetlepels Extra Vierge olijfolie
- 2 teentjes knoflook, gepeld en fijngehakt
- 600 g rijpe, geplette tomaten,
- 350 g (12 oz), bij voorkeur Arborio-rijst
- 1,2 liter visbouillon
- een handvol verse platte peterselie
- zeezout en versgemalen zwarte peper
- 25 g ongezouten boter

INSTRUCTIES:

a) Doe alle schone mosselen in een brede, ondiepe pan. Doe een deksel op de pan en zet de pan op middelhoog tot hoog vuur.
b) Schud de pan op het vuur, zodat alle mosselen opengaan.
c) Na ongeveer 8 minuten zijn alle deuren die opengaan geopend. Haal de mosselen eruit zodra ze opengaan.
d) Haal de mosselen uit de schelpen en gooi alle schelpen weg, behalve de mooiste, die je kunt bewaren voor decoratie.
e) Giet het vocht uit de mosselen door een zeer fijne zeef en zet opzij. Gooi alle ongeopende schelpen en lege schelpen die je niet meer wilt hebben weg.
f) Bak vervolgens de knoflook en de olie samen tot de knoflook blond is en voeg dan alle rijst toe.
g) Meng alles goed totdat de rijst knetterend heet is en goed bedekt is met olie en knoflook. Voeg nu het vocht van de mosselen en de tomaten toe.
h) Meng alles totdat de rijst de vloeistof heeft opgenomen en begin dan geleidelijk de hete visbouillon toe te voegen.
i) Roer voortdurend en voeg pas meer bouillon toe als de vorige hoeveelheid door de rijst is opgenomen.
j) Ga zo door tot de rijst voor driekwart gaar is, voeg dan de gekookte mosselen en de peterselie toe.
k) Breng op smaak met zout en peper en ga verder met het toevoegen van de bouillon, roer en voeg meer bouillon toe zodra de rijst de vorige bouillon heeft opgenomen.
l) Als de rijst romig en fluwelig is, maar de korrels in het midden nog stevig zijn, haal je de risotto van het vuur en roer je de boter erdoor.
m) Dek af en laat 2 minuten rusten, doe het dan op een voorverwarmde schaal, versier met de bewaarde schelpen en serveer meteen.

44. Crabcake en risotto van groene uien

INGREDIËNTEN:
- 300 milliliter Wijting filet
- 2 Eieren
- Zout en gemalen witte peper
- 1 Rode Chili; gezaaid en fijn
- ; gehakt
- ½ theelepel Gemalen koriander
- ½ theelepel Gemalen gember
- Een beetje fijn geraspte limoenschil
- 1 Sjalot; fijn gesneden
- 85 milliliter Dubbelroom
- 100 gram Wit krabvlees
- Gewoon meel en droog paneermeel voor
- ; coating
- 1 eetlepel Olijfolie
- 2 Sjalotten; fijn gesneden
- 1 Teentje knoflook; fijn gesneden
- ½ theelepel Verse tijm; gehakt
- 200 gram Risottorijst
- 400 milliliter Hete groentebouillon
- 2 eetlepels Dubbelroom
- 100 gram Mascarpone
- 4 Lente-uitjes; gehakt
- 75 gram Parmezaanse kaas; geraspt
- 200 gram Trostomaten; gevild, gezaaid
- 3 Sjalotten; fijn gesneden
- 1 Rode Chili; gezaaid
- 1 Teentje knoflook; verpletterd
- 4 theelepels Mosterdvinaigrette
- Plantaardige olie om te frituren
- 4 eetlepels Chili olie
- Kervel takjes; te garneren

INSTRUCTIES:

a) Voor krabkoekjes: maak de wijting vloeibaar met 1 ei tot een gladde massa. Voeg zout, peper, chilipeper, koriander, gember, limoenschil en sjalot toe en spatel de room en het krabvlees erdoor.
b) Verdeel het in vieren en vorm er rondjes van. Chill tot stevig.
c) Rol de bloem erdoor, bestrijk met het resterende ei, klop los en bestrijk ze met paneermeel. Bestrijk opnieuw met bloem, ei en kruimels en laat de krabkoekjes afkoelen tot ze klaar zijn om te koken.
d) Verhit voor de risotto de olie in een koekenpan en fruit de sjalotten, knoflook en tijm tot ze zacht zijn. Voeg de rijst toe, kook 2-3 minuten en giet er dan de hete bouillon over.
e) Laat 10-15 minuten sudderen, onder regelmatig roeren, tot de rijst gaar is maar nog wel een beetje beet heeft.
f) Wanneer u klaar bent om te serveren, roer de room erdoor en verwarm opnieuw. Voeg mascarpone, lente-ui en parmezaanse kaas toe en controleer de smaak.
g) Meng voor de salsa alle ingrediënten door elkaar en laat afkoelen.
h) Om te serveren frituur je de krabkoekjes in hete olie tot ze goudbruin zijn. Laat uitlekken op keukenpapier. Schep hete risotto in het midden van vier serveerschalen en plaats er een crabcake op. Schep een beetje salsa op elke crabcake en besprenkel de chili-olie rond de risotto. Garneer met takjes kervel.

45. Garnalen & zoete cicelyrisotto

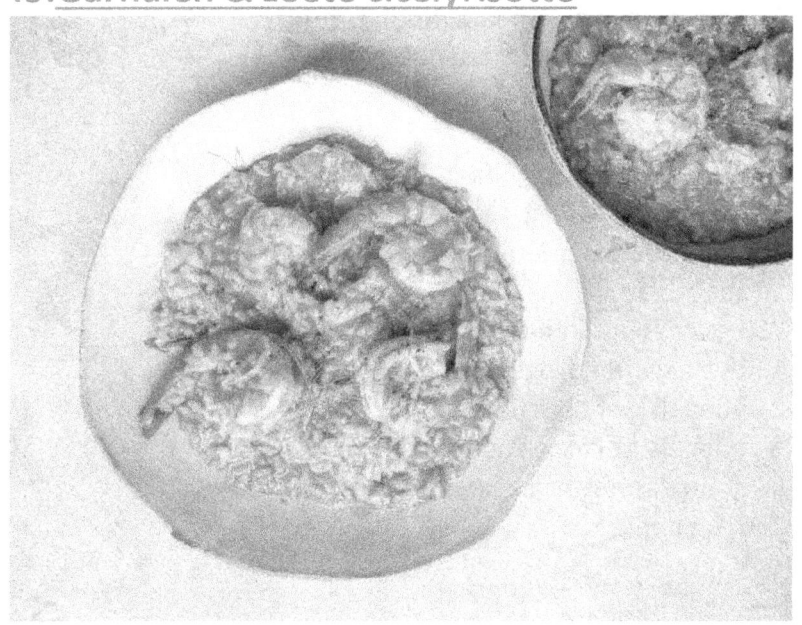

INGREDIËNTEN:
- 550 gram Rauwe garnalen met kop erop
- 1¼ liter Groenten- of kippenbouillon
- 85 gram Ongezouten boter
- 2 Sjalotten; gehakt
- 2 Knoflookteentjes; gehakt
- 300 gram Risottorijst
- 1 klein Takje rozemarijn ; 4 cm lang
- 1 Laurierblad
- 250 gram Rijpe tomaten , gehakt
- 1 Royale glazen droge witte wijn
- 2 eetlepels Gehakte peterselie
- 3 eetlepels Gehakte zoete cicely
- 30 gram Parmezaanse kaas; vers geraspt
- Zout en peper

INSTRUCTIES:

a) Pel de garnalen, bewaar het vruchtvlees. Verhit 15 g boter in een pan die groot genoeg is voor de bouillon en nog ruimte over heeft.

b) Voeg tijdens het schuimen de garnalenschalen en -koppen toe en roer totdat ze mooi roze zijn geworden. Voeg de bouillon en 600 ml water toe en kook. Laat 30 minuten sudderen om de garnalensmaak eruit te halen en te laten uitlekken.

c) Voor de garnalen: Als je een zwarte lijn over de rug ziet lopen, maak dan met de punt van een scherp mes een inkeping in de rug en verwijder de fijne zwarte darm net onder het oppervlak. Als het tijger-, konings- of een grote garnaal is, halveer of derde ze dan.

d) Kook de bouillon indien nodig opnieuw en zet het vuur laag, zodat deze warm blijft en niet wegkookt. Smelt 45 g resterende boter in een grote pan.

e) Fruit de sjalotten en knoflook heel zachtjes in de boter tot ze glazig zijn, zonder bruin te worden. Voeg de rozemarijn, rijst en laurier toe aan de pan en roer ongeveer een minuut totdat de rijst glazig wordt.

f) Voeg de tomaten, peterselie en wijn toe. Breng op smaak met zout en veel peper en breng aan de kook. Roer het rijstmengsel continu totdat al het vocht is opgenomen. Voeg een royale soeplepel bouillon toe en roer tot ook dat allemaal is opgenomen.

g) Herhaal dit totdat de rijst gaar is, maar nog wel een beetje stevig, maar zeker niet kalkachtig. De consistentie zou op de rand van soepel moeten zijn, aangezien er nog een paar minuten te gaan zijn.

h) De tijd die nodig is om de vloeistof te absorberen en de rijst te koken moet ongeveer 20-25 minuten bedragen.

i) Roer tot slot de garnalen en de zoete cicely erdoor en kook al roerend nog 2-3 minuten, tot de garnalen roze zijn geworden. Roer de resterende boter en Parmezaanse kaas erdoor, proef en breng op smaak, en serveer.

46. Pesto -walnootrisotto

INGREDIËNTEN:
- 1½ eetlepel Plantaardige olie
- ¾ kopje Ui, gehakt
- 1 kopje arborio rijst
- 3 kopjes Magere kippenbouillon
- ¼ kopje Bijna vetvrije pesto
- ½ kopje Walnoten
- ¾ kopje Parmezaanse kaas
- Vers gemalen zwarte peper

INSTRUCTIES:
a) Verhit de olie in een magnetronbestendige schaal van 2 liter op de hoogste stand gedurende 2 minuten.
b) Roer de ui erdoor en kook op Hoog gedurende 2:30 uur. Roer de rijst erdoor zodat deze bedekt is met olie en kook 1:30. Voeg 2 kopjes bouillon toe en kook gedurende 14 minuten op de hoogste stand, terwijl u één keer roert.
c) Voeg de resterende bouillon en pesto toe en kook gedurende 12 minuten, terwijl u één keer roert. Test de gaarheid tijdens de laatste minuten van het koken.
d) Haal het uit de magnetron en roer de walnoten en Parmezaanse kaas erdoor. Serveer onmiddellijk.

47.Risotto met acht kruiden

INGREDIËNTEN:
- Extra vergine olijfolie
- 1 Teentje knoflook
- 7 ons Niet-klevende rijst
- 1 kopje witte wijn
- 4 Gepelde tomaten; gehakt
- Zout
- 1 Klopje boter
- 4 eetlepels Parmigiano Reggiano
- 3 eetlepels Room
- 6 Basilicum blaadjes
- 4 salieblaadjes
- 1 Plukje peterselie
- Enkele naalden verse rozemarijn
- 1 snuifje Tijm
- 1 Bosje bieslook
- 3 Verse dille takjes

INSTRUCTIES:
a) Snijd de kruiden fijn en bak ze samen met de knoflook in een kleine hoeveelheid olijfolie.
b) Kook ondertussen de gehakte tomaten gaar in zout water.
c) Haal de knoflook eruit en voeg de rijst toe, bak kort en voeg een kopje witte wijn toe.
d) Als de vloeistof verdampt is, voeg je de gehakte tomaten toe.
e) Voeg op het einde een klontje boter, overvloedige parmigiano en een paar lepels room toe.

PROSCIUTTO

48. Gebakken Prosciutto-eierdopjes

INGREDIËNTEN:
- 1 eetlepel olijfolie
- 12 plakjes prosciutto
- 12 grote eieren
- 2 kopjes babyspinazie
- zout en peper

INSTRUCTIES:
a) Verwarm de oven voor op 400 graden.
b) Bestrijk elk compartiment van de muffinvorm met olijfolie. Plaats een plakje prosciutto in elk compartiment en druk erop om ervoor te zorgen dat de zijkanten en de bodem volledig bedekt zijn (het kan zijn dat je de prosciutto in verschillende stukken moet scheuren om gemakkelijker een komvorm te krijgen).
c) Plaats 2-3 babyspinazieblaadjes in elk kopje en bedek met een ei. Bestrooi met zout en peper naar smaak.
d) Bak gedurende 12 minuten voor een eigeel of maximaal 15 minuten voor een hardere dooier.

49. Prosciutto en ei-ontbijtwrap

INGREDIËNTEN:
- 4 grote eieren
- 4 plakjes prosciutto
- ¼ kopje geraspte cheddarkaas
- ½ kopje babyspinazieblaadjes
- Zout en peper naar smaak
- 4 grote bloemtortilla's

INSTRUCTIES:
a) Klop in een kom de eieren los en breng op smaak met peper en zout.
b) Verhit een koekenpan met antiaanbaklaag op middelhoog vuur en giet de losgeklopte eieren erin.
c) Kook de eieren, af en toe roerend, tot ze roerei en volledig gaar zijn.
d) Leg de bloemtortilla's neer en verdeel de roerei er gelijkmatig over.
e) Beleg elke tortilla met een plakje prosciutto, wat geraspte cheddarkaas en een handvol babyspinazieblaadjes.
f) Rol de tortilla's strak op en stop de zijkanten naar binnen.
g) Verhit een schone koekenpan op middelhoog vuur en plaats de wraps met de naad naar beneden op de koekenpan.
h) Bak de wraps een paar minuten aan elke kant tot ze lichtbruin zijn en de kaas is gesmolten.
i) Haal uit de koekenpan en serveer warm.

50. Prosciutto en kaasomelet

INGREDIËNTEN:
- 4 grote eieren
- 4 plakjes prosciutto, gehakt
- ½ kopje geraspte mozzarellakaas
- ¼ kopje gehakte verse basilicum
- Zout en peper naar smaak
- 2 eetlepels olijfolie

INSTRUCTIES:
a) Klop in een kom de eieren los en breng op smaak met peper en zout.
b) Verhit olijfolie in een koekenpan met antiaanbaklaag op middelhoog vuur.
c) Giet de losgeklopte eieren in de pan en laat ze een minuut of twee koken totdat de randen beginnen te stollen.
d) Strooi de gehakte prosciutto, geraspte mozzarella en gehakte basilicum over de helft van de omelet.
e) Vouw de andere helft van de omelet over de vulling en laat nog een minuut koken tot de kaas gesmolten is.
f) Laat de omelet op een bord glijden en snijd hem in punten.
g) Heet opdienen.

51.Prosciutto en Tomatenfrittata

INGREDIËNTEN:
- 8 grote eieren
- 4 plakjes prosciutto, gehakt
- 1 kop kerstomaatjes, gehalveerd
- ½ kopje geraspte Gruyere-kaas
- ¼ kopje gehakte verse peterselie
- Zout en peper naar smaak
- 2 eetlepels olijfolie

INSTRUCTIES:
a) Verwarm uw oven voor op 190°C.
b) Klop in een kom de eieren los en breng op smaak met peper en zout.
c) Verhit olijfolie in een ovenbestendige koekenpan op middelhoog vuur.
d) Voeg de gehakte prosciutto en de kerstomaatjes toe aan de pan en kook een paar minuten tot de tomaten zacht worden.
e) Giet de losgeklopte eieren over de prosciutto en de tomaten in de koekenpan.
f) Strooi de geraspte Gruyere-kaas en de gehakte peterselie gelijkmatig over de eieren.
g) Zet de koekenpan in de voorverwarmde oven en bak ongeveer 15 minuten of tot de frittata gaar en goudbruin is.
h) Haal het uit de oven en laat het iets afkoelen voordat je het aansnijdt.
i) Serveer warm of op kamertemperatuur.

52.Basilicum Kip

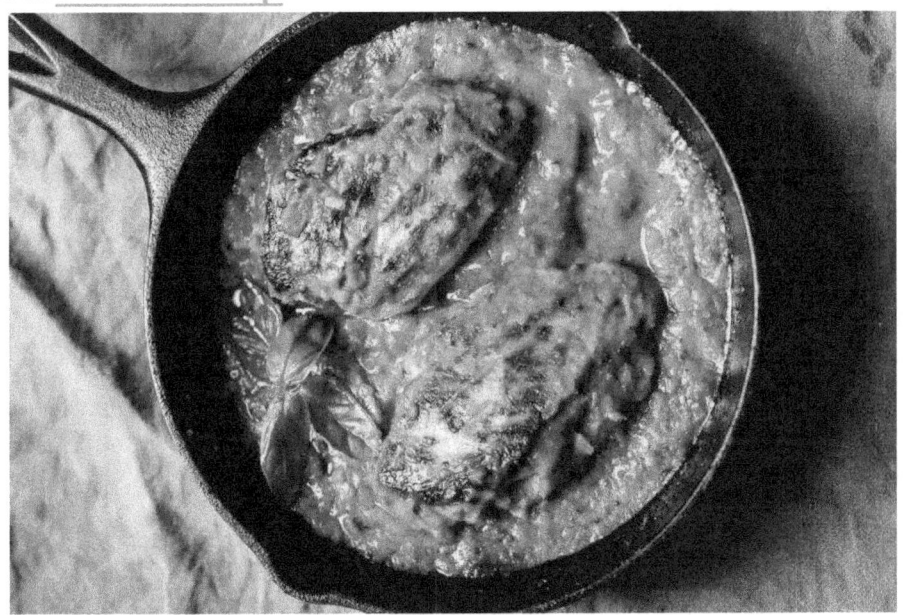

INGREDIËNTEN:
- 4 kipfilethelften zonder vel en zonder bot
- ½ kopje bereide basilicumpesto, verdeeld
- 4 dunne plakjes prosciutto, of meer indien nodig

INSTRUCTIES:
a) Smeer een ovenschaal in met olie en zet de oven op 400 graden voordat je iets anders doet.
b) Bestrijk elk stuk kip met 2 eetlepels pesto en bedek elk stuk met een stuk prosciutto.
c) Leg vervolgens alles in de schaal.
d) Kook alles in de oven gedurende 30 minuten tot de kip volledig gaar is.
e) Genieten.

53. Kwartels over groente- en hamreepjes

INGREDIËNTEN:
- 4 eetlepels plantaardige olie
- 1 theelepel gehakte verse gember
- 3 kwartels, gespleten
- Zout en peper
- 4 Eetlepels kippenbouillon
- 1 middelgrote courgette, in dunne reepjes gesneden
- 1 wortel, geschraapt en in dunne reepjes gesneden
- 4 hele bosuitjes, in dunne reepjes gesneden
- 2 grote broccolistelen, geschild en in dunne reepjes gesneden
- 2 ons boerenham of prosciutto, in dunne reepjes gesneden

INSTRUCTIES:
a) Verhit in een grote koekenpan of wok 2 eetlepels olie met de gember.
b) Bak de kwartel aan alle kanten bruin. Zout en peper ze. Voeg een beetje bouillon toe, dek af en stoom langzaam gedurende 15 minuten.
c) Haal de kwartels met hun sap eruit en houd ze warm.

54.Proscuitto en rucola-pizza

INGREDIËNTEN:
- 1 pond pizzadeeg, op kamertemperatuur, verdeeld
- 2 eetlepels olijfolie
- ½ kopje tomatensaus
- 1 ½ kopjes geraspte mozzarellakaas (6 ons)
- 8 dunne plakjes prosciutto
- Een paar flinke handen rucola

INSTRUCTIES:

a) Als je een pizzasteen hebt, plaats deze dan op een rooster in het midden van de oven. Verwarm de oven gedurende minimaal 30 minuten tot 550 ° F (of maximale oventemperatuur).

b) Als u de pizza op een steen in de oven legt, plaats hem dan op een goed met bloem bestrooide schil of snijplank. Anders monteert u het op het oppervlak waarop u gaat koken (perkamentpapier, bakplaat, enz.). Werk met één stuk deeg per keer en rol of rek het uit tot een cirkel van 10 tot 12 inch.

c) Bestrijk de randen van het deeg met 1 eetlepel olijfolie. Verdeel de helft van de tomatensaus over de rest van het deeg.

d) Bestrooi met ongeveer ¼ van de kaas. Leg 4 plakjes prosciutto zo dat ze het deeg gelijkmatig bedekken. Bestrooi met nog een kwart van de kaas.

e) Bak de pizza tot de randen lichtbruin zijn en de kaas bubbelt en vlekjes bruin is, ongeveer 6 minuten op 550 ° F.

f) Haal het uit de oven en leg het op een snijplank, strooi de helft van de rucola erover, snijd het in stukken en serveer onmiddellijk.

g) Herhaal met het resterende deeg en de toppings.

55. Vier Seizoenen Pizza/Quattro Stagioni

INGREDIËNTEN:

g) 1 recept voor Traditioneel Italiaans basisdeeg
h) Mozzarella, 6 ons, in plakjes gesneden
i) Prosciutto, 3 ons, in plakjes gesneden
j) Shiitake-paddenstoel, één kopje, in plakjes gesneden
k) Olijven, ½ kopje, in plakjes gesneden
l) Pizzasaus, een half kopje
m) In vieren gesneden artisjokharten, één kopje
n) Geraspte Parmigiana, 2 ons

INSTRUCTIES:

a) Vorm het deeg tot een cirkel met een diameter van 14 inch. Doe dit door de randen vast te houden en het deeg voorzichtig te draaien en uit te rekken.
b) Bestrijk het deeg met pizzasaus.
c) Verdeel de plakjes mozzarella er gelijkmatig over.
d) Later de artisjokharten, prosciutto, champignons en olijven in vier kwart van de pizza.
e) Verdeel de geraspte Parmigiana erover.
f) Grill/bak gedurende 18 minuten.

56. Kip & Prosciutto met spruitjes

INGREDIËNTEN:
- 2 pond kippenhaasjes
- 4 ons prosciutto
- 12 ons spruitjes
- ½ kopje kippenbouillon
- 1 ½ kopjes zware room
- 1 theelepel gehakte knoflook
- 1 citroen, in vieren en zonder zaadjes
- Ghee of kokosolie om te frituren

INSTRUCTIES:
a) Verwarm de oven voor op 400 graden F.
b) Snijd de spruitjes doormidden en kook gedurende 5 minuten. Haal van het vuur en zet opzij.
c) Voeg in een koekenpan ½ kopje kippenbouillon toe en breng aan de kook op medium. Voeg daarna de slagroom, gehakte knoflook en citroen toe en laat 5-10 minuten sudderen, onder regelmatig roeren. Haal van het vuur en zet opzij.
d) Verhit wat ghee in een aparte koekenpan en voeg de kip toe. Kook op middelhoog vuur gedurende enkele minuten en voeg dan de gehakte prosciutto toe tot de kip gaar is.
e) In een kleine ovenschaal (9×9) en laag van onder naar boven: spruitjes, kip, prosciutto en citroenroomsaus erop.
f) Bak in de voorverwarmde oven gedurende 20 minuten. Heet opdienen.

57. Fettuccine met prosciutto en asperges

INGREDIËNTEN:
- ½ pond asperges, in stukjes van 1 inch.
- 2 eetlepels Boter
- ½ kopje ui, fijngehakt
- 4 ons prosciutto
- 1 eetlepel boter
- 1 eetlepel bloem
- ½ kopje room
- 1 pond Fettuccine
- ½ kopje Parmezaanse kaas, vers geraspt
- Versgemalen peper

INSTRUCTIES:

a) Kook de asperges gaar; droogleggen. Reduceer het kookwater tot ½ kopje. Smelt de boter in een koekenpan op middelhoog vuur.

b) Voeg de ui toe en kook tot het geurig is. Roer de prosciutto erdoor en bak.

c) Maak een roux van de bloem en boter; voeg het gereserveerde aspergewater en de room toe.

d) Klop en verwarm tot de saus dikker wordt.

e) Voeg de asperges en prosciutto toe en roer erdoor. Kook ondertussen de pasta.

f) Wanneer de pasta al dente gekookt is, giet je hem af en meng je hem met de saus en voeg je de geraspte kaas toe.

g) Serveer en voeg naar smaak vers geraspte peper toe.

58.Fusilli met prosciutto en erwten

INGREDIËNTEN:
- 2 eetlepels olijfolie
- 2 eetlepels Boter
- 1 Gehakte wortel
- 1 fijngehakte stengel bleekselderij
- 1 fijngehakte kleine ui
- 6 Dunne plakjes prosciutto - gehakt
- ½ kopje witte wijn
- 24 ons gezeefde tomaten
- 1 kopje Erwten
- 1 pond Gekookte fusilli-pasta

INSTRUCTIES:
a) Verhit de olijfolie en de boter in een grote sauspan. Voeg de gehakte wortel, selderij en ui toe. Bak kort tot ze gaar zijn.
b) Voeg de prosciutto, witte wijn en gezeefde tomaten toe.
c) Kook ongeveer 30 minuten op laag vuur om de smaken te combineren. Werk af met de erwten en roer om te combineren.
d) Meng de hete pasta met de saus. Garneer met verse basilicum en Parmezaanse kaas.

59. Fusilli met shiitake, broccoli rabe en prosciuttosaus

INGREDIËNTEN:
- 1 pond Fusilli-pasta
- 1 pond Broccoli rabe; bijgesneden en in stukken van 1 inch gesneden

VOOR DE SAUS
- ½ kopje olijfolie
- ½ kopje Gehakte sjalotjes
- 1 teentje knoflook; gehakt
- 6 ons Shiitake-paddenstoelen - (tot 8 oz); afgesneden, gesneden
- 6 ons Prosciutto of soortgelijke gezouten ham - (tot 8 oz); snijd kleine dobbelstenen, of reepjes
- ½ theelepel Gedroogde hete rode pepervlokken (tot 1 theelepel); of naar smaak
- ⅓ kopje kippenbouillon of bouillon
- 2 eetlepels Gehakte verse peterselie
- 2 eetlepels fijngehakte verse bieslook
- 2 eetlepels Verse dragon

GARNIEREN
- Vers geraspte Parmezaanse kaas; (optioneel)
- Zongedroogde tomaten; (optioneel)

INSTRUCTIES:

a) Maak eerst de saus. In een koekenpan olie verhitten. Voeg de sjalotten toe en kook al roerend gedurende 1 minuut.
b) Voeg vervolgens de champignons toe en kook, af en toe roerend, gedurende 5 minuten, of tot de champignons licht goudbruin zijn.
c) Roer nu de knoflook, prosciutto en rode pepervlokken erdoor en kook gedurende 30 minuten, voeg dan kippenbouillon of bouillon toe en laat 1 minuut sudderen.
d) Breng voor uw pasta een grote pan water aan de kook.
e) Als het water klaar is, voeg je je pasta toe. Vergeet niet om de kooktijd te starten wanneer het water weer kookt, en niet wanneer u de pasta toevoegt.
f) Kook je pasta volgens de aanwijzingen op de verpakking. Voeg na 6 minuten koken de broccoli rabe toe aan de kookpasta.
g) Giet de pasta en broccoli rabe af in een vergiet en doe ze in een serveerschaal. Bestrijk met saus, goed mengen. Garneer indien gewenst.

60.Pappardelle met prosciutto en erwten

INGREDIËNTEN:
- ¼ kopje Gehakte prosciutto
- 1 kopje Erwten
- 1 kopje zware room
- 1 kopje Half en half
- ⅓ kopje Geraspte Asiago-kaas
- 1 pond Lasagne-noedels

INSTRUCTIES:
a) Verhit een grote koekenpan tot deze heet is.
b) Voeg de gehakte prosciutto toe en kook ongeveer drie minuten tot ze zacht, maar niet knapperig zijn.
c) Voeg de erwten toe en roer om te combineren. Giet de zware room en de helft en de helft erbij. Voeg de Asiago-kaas toe en zet het vuur laag.
d) Laat de saus vijf minuten sudderen, terwijl u regelmatig roert, zodat de kaas smelt en de room iets dikker wordt.
e) Breng op smaak met peper.
f) Om pappardelle te maken, neem je de lasagne-noedels en snijd je ze in lange reepjes van ongeveer 2,5 cm breed.
g) Laat de reepjes in gezouten kokend water vallen en kook tot ze gaar zijn.
h) Meng voor het serveren de gekookte pasta met de kaassaus.

61. Salami en Brie Crostini

INGREDIËNTEN:
- 1 Frans stokbrood, in 4-6 dikke stukken gesneden
- 8-ounce ronde Brie-kaas, in dunne plakjes gesneden
- Een pakje prosciutto van 4 ons
- ½ kopje cranberrysaus
- ¼ kopje olijfolie
- Frisse munt

BALSAMIC GLAZEN:
- 2 eetlepels bruine suiker
- ¼ kopje balsamicoazijn

INSTRUCTIES:
BALSAMIC GLAZEN:
a) Voeg in een pan op laag vuur bruine suiker en een kopje balsamicoazijn toe.
b) Laat sudderen tot de azijn is ingedikt.
c) Haal het glazuur van het vuur en laat het afkoelen. Het zal dikker worden als het afkoelt.

VERZAMELEN:
d) Bestrijk het stokbrood lichtjes met olijfolie en rooster het 8 minuten in de oven.
e) Verdeel de brie over het brood.
f) Voeg een flinke theelepel cranberrysaus en prosciutto toe.
g) Bestrijk met een scheutje balsamicoglazuur, gevolgd door muntblaadjes.
h) Serveer meteen.

62.Proscuitto en Mozarella Bruschetta

INGREDIËNTEN:
h) ½ kopje fijngehakte tomaten
i) 3 ons gehakte mozzarella
j) 3 plakjes prosciutto, gehakt
k) 1 eetlepel olijfolie
l) 1 theelepel gedroogde basilicum
m) 6 kleine sneetjes stokbrood

INSTRUCTIES:
a) Verwarm de heteluchtfriteuse voor op 350 graden F. Plaats de sneetjes brood en rooster gedurende 3 minuten. Beleg het brood met tomaten, prosciutto en mozzarella. Strooi de basilicum over de mozzarella. Besprenkel met olijfolie.
b) Keer terug naar de airfryer en bak nog 1 minuut, genoeg om smeltend en warm te worden.

63.Muntachtige garnalenbeten

INGREDIËNTEN:
- 2 eetlepels olijfolie
- 10 ons garnalen, gekookt
- 1 eetlepel munt, gehakt
- 2 eetlepels erythritol
- ⅓ kopje bramen, gemalen
- 2 theelepels currypoeder r _
- 11 plakjes prosciutto
- ⅓ kopje groentebouillon

INSTRUCTIES:
a) Besprenkel olie over elke garnaal nadat je deze in plakjes prosciutto hebt gewikkeld.
b) curry, munt , bouillon en erythritol in je instantpot , roer en kook gedurende 2 minuten op laag vuur.
c) Voeg het stoommandje en de verpakte garnalen toe aan de pan, dek af en kook gedurende 2 minuten op de hoogste stand.
d) Leg de verpakte garnalen op een bord en besprenkel ze met muntsaus voordat u ze serveert.

64.Peer, Radijs Microgreen & Prosciutto Bite

INGREDIËNTEN:
- 8 ons zachte geitenkaas
- 6 ons prosciutto, in reepjes gesneden
- 2-ounce pakket radijs-microgreens
- ¼ kopje vers geperst citroensap
- 2 peren, in plakjes gesneden

INSTRUCTIES:
a) Druppel citroensap over elk schijfje peer.
b) Smeer op de ene helft van de perenschijf een kwart theelepel zachte geitenkaas en wissel de ingrediënten af met de andere helft.
c) Verdeel nog een ¼ theelepel zachte geitenkaas over het bovenste schijfje peer, gevolgd door een gevouwen strook prosciutto en een beetje zachte geitenkaas, en vervolgens de microgreens van de radijs.
d) Verzamel de overgebleven plakjes peer en serveer met nog meer radijsmicrogreens erop.

65.Muffin-prosciuttobeker

INGREDIËNTEN:

- 1 plakje prosciutto (ongeveer ½ ounce)
- 1 middelgrote eierdooier
- 3 eetlepels in blokjes gesneden Brie
- 2 eetlepels in blokjes gesneden mozzarellakaas
- 3 eetlepels geraspte Parmezaanse kaas

INSTRUCTIES:

a) Verwarm de oven voor op 350 ° F. Haal een muffinvorm eruit met kuiltjes van ongeveer 2½ "breed en 1½" diep.
b) Vouw het plakje prosciutto dubbel zodat het bijna vierkant wordt. Plaats het in een muffinvorm zodat het volledig bedekt is.
c) Doe de eierdooier in een prosciuttokopje.
d) Voeg voorzichtig kaas toe aan de eidooier zonder deze te breken.
e) Bak ongeveer 12 minuten tot de dooier gaar en warm is, maar nog steeds vloeibaar.
f) Laat 10 minuten afkoelen voordat u het uit de muffinvorm haalt.

66. Avocado-prosciutto-balletjes

INGREDIËNTEN:
- ½ kopje macadamianoten
- ½ grote avocado geschild en ontpit (ongeveer 4 ons vruchtvlees)
- 1 ounce gekookte prosciutto, verkruimeld
- ¼ theelepel zwarte peper

INSTRUCTIES:
a) Pureer de macadamianoten in een kleine keukenmachine tot ze gelijkmatig verkruimeld zijn. Verdeel in tweeën.
b) Meng in een kleine kom de avocado, de helft van de macadamianoten, de prosciuttokruimels en de peper en meng goed met een vork.
c) Vorm van het mengsel 6 balletjes.
d) Plaats de resterende verkruimelde macadamianoten op een middelgroot bord en rol de individuele balletjes erdoorheen zodat ze gelijkmatig bedekt zijn.
e) Serveer onmiddellijk.

SNOEPJES EN DESSERTS

67.Gubana (zoet gevuld gebakje)

INGREDIËNTEN:
- 500 g bloem
- 200 g ongezouten boter
- 100 g suiker
- 3 eieren
- 1 kopje melk
- 1 kopje gehakte noten (walnoten en hazelnoten)
- 1 kopje rozijnen
- 1/2 kopje honing
- Schil van 1 sinaasappel
- 1 theelepel kaneel

INSTRUCTIES:
a) Maak een deeg door bloem, boter, suiker, eieren en melk te combineren.
b) Rol het deeg uit tot een rechthoek.
c) Meng noten, rozijnen, honing, sinaasappelschil en kaneel.
d) Verdeel de vulling over het deeg en rol het op.
e) Doe het mengsel in een ingevette pan en bak ongeveer 45 minuten op 180°C (350°F).
f) Laat het afkoelen voordat je het gaat snijden.

68. Crostata van appel en ricotta

INGREDIËNTEN:
- 1 vel bladerdeeg
- 1 kopje ricottakaas
- 2 eetlepels suiker
- 2 appels, in dunne plakjes gesneden
- 1 eetlepel citroensap
- 1 eetlepel abrikozenjam (voor glazuur)

INSTRUCTIES:
a) Verwarm de oven voor op 200°C.
b) Rol het bladerdeeg uit en leg het op een bakplaat.
c) Meng de ricottakaas met de suiker en verdeel dit over het deeg.
d) Haal de appelschijfjes door het citroensap en schik ze er bovenop.
e) Vouw de randen van het deeg over de appels.
f) Bak gedurende 20-25 minuten of tot ze goudbruin zijn.
g) Verwarm de abrikozenjam en bestrijk de appels hiermee voor een glazuur.

69. Trentino Appeltaart (Torta di Mele Trentina)

INGREDIËNTEN:
- 2-3 appels, geschild en in plakjes gesneden
- 2 kopjes All-purpose Flour
- 1 kopje suiker
- 1/2 kop ongezouten boter, gesmolten
- 1/2 kopje melk
- 3 eieren
- 1 eetlepel bakpoeder
- Schil van 1 citroen
- Poedersuiker om te bestuiven

INSTRUCTIES:
a) Verwarm de oven voor op 180°C (350°F). Vet een taartvorm in en bebloem hem.
b) Meng in een kom bloem, suiker, gesmolten boter, melk, eieren, bakpoeder en citroenschil tot een gladde massa.
c) Giet het beslag in de voorbereide pan.
d) Appelschijfjes erop leggen.
e) Bak gedurende 40-45 minuten of tot een tandenstoker er schoon uitkomt.
f) Laat het afkoelen en bestrooi het met poedersuiker voordat je het serveert.

70.Venetiaanse gebakken room

INGREDIËNTEN:
- 4 grote eieren, gescheiden
- 3/4 kopje suiker
- 1/2 theelepel vanille-extract
- 1 en 1/2 kopjes bloem voor alle doeleinden
- Schil van 1/2 citroen
- 4 kopjes volle melk, opgewarmd
- 6 eetlepels ongekruid broodkruim
- Plantaardige olie om te frituren

INSTRUCTIES:
a) Klop in een grote mengkom de eierdooiers, suiker en vanille gedurende 5 minuten.
b) Voeg geleidelijk de bloem en de citroenschil toe.
c) Voeg de melk in dunne straaltjes toe.
d) Doe het mengsel in een middelgrote pot.
e) Zet het vuur op middelhoog vuur en roer tot het mengsel dikker wordt. Breng het niet aan de kook, anders gaat de melk schiften.
f) Haal de pot van het fornuis en giet de inhoud op een werkoppervlak, bij voorkeur marmer.
g) Verdeel het mengsel met een mes in de vorm van een rechthoek van ongeveer 2,5 cm dik.
h) Laat het mengsel afkoelen.
i) Snijd het mengsel in diagonalen van 2 inch.
j) Klop het eiwit in een middelgrote kom.
k) Doe de paneermeel in een aparte kom.
l) Haal de diamanten door het eiwit en vervolgens door het paneermeel.
m) Verhit de olie in een grote koekenpan.
n) Bak ze in de olie tot ze aan beide kanten goudbruin zijn.
o) Serveer warm

71. Pannacotta met karamelsaus

INGREDIËNTEN ::
- 1 kopje suiker
- 1 kopje water; of meer
- 1 kopje water
- 2 eetlepels water
- 4 theelepels Gelatine zonder smaak
- 5 kopjes Slagroom
- 1 kopje melk
- 1 kop Poedersuiker
- 1 Vanilleboon; in de lengte gespleten

INSTRUCTIES:

VOOR SAUS:

a) Combineer 1 kopje suiker en ½ kopje water in een zware middelgrote pan op laag vuur. Roer tot de suiker oplost. Verhoog het vuur en kook zonder te roeren tot de siroop amberkleurig wordt, waarbij u de pan af en toe ronddraait en de zijkanten met een natte deegborstel naar beneden borstelt, ongeveer 8 minuten. Haal de pan van het vuur.

b) Voeg voorzichtig ½ kopje water toe. Zet de pan terug op het vuur en breng aan de kook, al roerend om eventuele karamelstukjes op te lossen, ongeveer 2 minuten.

c) Koel.

VOOR PUDDING:

d) Giet 2 eetlepels water in een kleine kom. Bestrooi met gelatine. Laat staan tot het zacht is, ongeveer 10 minuten. Meng room, melk en suiker in een zware, grote pan. Schraap de zaadjes uit de vanilleboon; boon toevoegen.

e) Breng aan de kook, onder regelmatig roeren. Haal van het vuur. Voeg het gelatinemengsel toe en roer om op te lossen. Verwijder het vanillestokje. Breng het mengsel over in de kom. Plaats de kom over een grotere kom met ijswater. Laat het staan tot het afgekoeld is, af en toe roerend, ongeveer 30 minuten. Verdeel de pudding gelijkmatig over zes custardbekers van 10 ounce. Dek af en zet een nacht in de koelkast.

f) Ontvorm de pudding op borden. Besprenkel met karamelsaus en serveer.

72.Chocolade panna cotta

INGREDIËNTEN ::
- 500 ml slagroom
- 10 g gelatine
- 70 g zwarte chocolade
- 2 eetlepels yoghurt
- 3 eetlepels suiker
- een snufje zout

INSTRUCTIES:

a) Week de gelatine in een kleine hoeveelheid room.
b) Giet de resterende room in een kleine pan. Breng de suiker en de yoghurt aan de kook, af en toe roerend, maar kook niet. Haal de pan van het vuur.
c) Roer de chocolade en gelatine erdoor tot ze volledig zijn opgelost.
d) Vul de vormpjes met het beslag en zet ze 2-3 uur in de koelkast.
e) Om de panna cotta uit de vorm te halen, laat u hem een paar seconden onder heet water lopen voordat u het dessert eruit haalt.
f) Versier naar eigen smaak en serveer!

73.Karamel vla

INGREDIËNTEN:
- ½ kopje Kristalsuiker
- 1 theelepel Water
- 4 Eidooiers of 3 hele eieren
- 2 kopjes Melk, gebroeid
- ½ theelepel Vanille-extract

INSTRUCTIES:
a) Meng in een grote koekenpan 6 eetlepels suiker en 1 kopje water. Verhit op laag vuur, af en toe schudden of ronddraaien met een houten lepel om aanbranden te voorkomen, totdat de suiker goudbruin kleurt.
b) Giet de karamelsiroop zo snel mogelijk in een ondiepe ovenschaal (20x20 cm) of taartvorm. Laat afkoelen tot het hard is.
c) Verwarm de oven voor op 325 graden Fahrenheit.
d) Klop de eidooiers of de hele eieren door elkaar. Meng de melk, het vanille-extract en de resterende suiker erdoor tot het volledig gemengd is.
e) Giet de afgekoelde karamel erover.
f) Plaats de ovenschaal in een heetwaterbad. Bak gedurende 1-1½ uur, of totdat het midden stevig is. Koel, koel, koel.
g) Om te serveren, voorzichtig omkeren op een serveerschaal.

74. Italiaanse gebakken perziken

INGREDIËNTEN:
- 6 Rijpe perziken
- ⅓ kopje Suiker
- 1 kopje Gemalen amandelen
- 1 Eigeel
- ½ theelepel Amandelextract
- 4 eetlepels Boter
- ¼ kopje Gesneden amandelen
- Slagroom , optioneel

INSTRUCTIES:
a) Verwarm de oven voor op 350 graden Fahrenheit. Perziken moeten worden gespoeld, gehalveerd en ontpit. Pureer 2 perzikhelften in een keukenmachine.
b) Meng in een mengschaal de puree, suiker, gemalen amandelen, eigeel en amandelextract. Om een gladde pasta te maken, doe je alle ingrediënten in een mengkom.
c) Giet de vulling over elke perzikhelft en plaats de gevulde perzikhelften in een beboterde bakplaat.
d) Bestrooi met gesneden amandelen en bestrijk de resterende boter over de perziken voordat u ze 45 minuten bakt.
e) Serveer warm of koud, met een kant van room of ijs.

75. Tiramisu potjes de creme

INGREDIËNTEN:
- 2 kopjes basterdsuiker
- 12 eierdooiers
- 2 vanillestokjes, gespleten, zaadjes geschraapt
- 1,2 liter pure room, plus een extra ¼ kopje
- 2 eetlepels oploskoffiekorrels
- 50 g ongezouten boter, fijngehakt
- 4 lange vingerskoekjes, verkruimeld
- 2 eetlepels Frangelico
- 1 eetlepel fijngehakte hazelnoten
- 400 g mascarpone van goede kwaliteit
- 1 theelepel vanille-extract
- Cacaopoeder van goede kwaliteit, om te bestuiven

INSTRUCTIES:
a) Verwarm de oven voor op 140°C.
b) Klop de suiker en de eierdooiers in een kom tot een bleek mengsel.
c) Doe de vanillestokjes en de zaadjes in een grote pan met de room en de koffie en breng al roerend tot net onder de kook om de koffie op te lossen. Giet langzaam het eimengsel erover, onder voortdurend kloppen, tot het gemengd is.
d) Doe het eimengsel terug in de schoongemaakte pan en plaats het op middelhoog vuur.
e) Kook, onder voortdurend roeren, gedurende 6-8 minuten of tot het ingedikt is en het eimengsel de achterkant van de lepel bedekt. Verdeel het over acht ovenschalen van ¾ kopjes en plaats het in een grote braadpan. Voeg voldoende kokend water toe tot halverwege de zijkanten van de pan.
f) Bedek de pan met folie en plaats hem voorzichtig in de oven. Bak gedurende 30 minuten tot het net stevig is en zachtjes wiebelt in het midden. Laat afkoelen tot kamertemperatuur en laat het vervolgens 2 uur afkoelen, of tot het stevig is geworden.
g) Wanneer u klaar bent om te serveren, smelt u de boter in een koekenpan gedurende 2-3 minuten of tot hij nootachtig bruin is. Voeg de lange vingers toe en kook al roerend gedurende 3-4 minuten of tot ze geroosterd zijn. Voeg Frangelico en hazelnoten toe en roer om te combineren. Koel. Roer mascarpone, vanille en extra room voorzichtig door elkaar in een kom.
h) Schep het mascarponemengsel over de custards. Bestrooi met het langevingerkruimeltje en de cacao om te serveren.

76. Tiramisu-cupcakes

INGREDIËNTEN:
CUPCAKES
- 6 eetlepels gezouten boter, kamertemperatuur
- ¾ kopjes suiker
- 2 theelepels vanille-extract
- 6 eetlepels zure room
- 3 eiwitten
- 1¼ kopjes bloem voor alle doeleinden
- 2 theelepels bakpoeder
- 6 eetlepels melk
- 2 eetlepels water

TIRAMISU-VULLING
- 2 eierdooiers
- 6 eetlepels suiker
- ½ kopje mascarpone-kaas
- ½ kopje zware slagroom
- 2½ eetlepel warm water
- 1 eetlepel instant espressokoffiekorrels
- ¼ kopje Kahlua

INSTRUCTIES:
MAAK DE CUPCAKES
a) Verwarm de oven voor op 350 graden en zet een cupcake-pan met cupcake-liners klaar.
b) Klop de boter en de suiker tot ze licht van kleur en luchtig zijn, ongeveer 2-3 minuten.
c) Voeg vanille-extract en zure room toe en meng tot alles goed gemengd is.
d) Voeg de eiwitten in twee batches toe en meng tot alles goed gemengd is.
e) Combineer de droge ingrediënten in een andere kom en combineer vervolgens melk en water in een andere kom.
f) Voeg de helft van de droge ingrediënten toe aan het beslag en meng tot alles goed gemengd is. Voeg het melkmengsel toe en meng tot alles goed gemengd is. Voeg de resterende droge ingrediënten toe en meng tot alles goed gemengd is.

g) Vul de cupcakevormpjes ongeveer halverwege. Bak gedurende 15-17 minuten, of totdat een ingestoken tandenstoker eruit komt met een paar kruimels.
h) Haal de cupcakes uit de oven en laat ze 2-3 minuten afkoelen, en plaats ze vervolgens op een koelrek om het afkoelen te voltooien.

MAAK DE VULLING EN VUL DE CUPCAKES
a) Terwijl de cupcakes afkoelen, maak je de vulling. Combineer eierdooiers en suiker op een dubbele boiler, boven kokend water. Als je geen dubbele boiler hebt, kun je een metalen mengkom gebruiken die je op een pan met kokend water zet.
b) Kook ongeveer 6-8 minuten, met het vuur laag, onder voortdurend roeren, of tot het mengsel licht van kleur is en de suiker is opgelost. Als het mengsel te dik en donkerder geel begint te worden, is het te gaar.
c) Als je klaar bent, klop je de dooiers met een mixer tot ze dikker worden en een beetje geel worden.
d) Vouw de mascarponekaas in opgeklopte dooiers.
e) Voeg zware slagroom toe aan een andere mengkom en klop tot er stijve pieken ontstaan, ongeveer 5-7 minuten.
f) Spatel de slagroom door het mascarponemengsel.
g) Meng in een andere kleine kom warm water, espresso en Kahlua.
h) Zodra de cupcakes zijn afgekoeld, knip je de middens uit.
i) Druppel ongeveer 1 eetlepel van het espressomengsel over de binnenkant van de gaatjes van de cupcakes en vul de gaatjes op met de tiramisuvulling.

77. Honingpudding

INGREDIËNTEN:
- ¼ kopje Ongezouten boter
- 1½ kopje Melk
- 2 grote Eieren; licht geslagen
- 6 plakjes Wit boerenbrood; stuk
- ½ kopje Duidelijk; dunne honing, plus
- 1 eetlepel Duidelijk; dunne honing
- ½ kopje Heet water; plus
- 1 eetlepel Heet water
- ¼ theelepel Gemalen kaneel
- ¼ theelepel Vanille

INSTRUCTIES:
a) Verwarm de oven voor op 350 graden en gebruik een beetje boter om een 9-inch glazen taartvorm te beboteren. Klop de melk en de eieren door elkaar, voeg de stukjes brood toe en draai om zodat ze gelijkmatig bedekt zijn.
b) Laat het brood 15 tot 20 minuten weken en draai het een of twee keer om. Verhit de resterende boter in een grote koekenpan met antiaanbaklaag op middelhoog vuur.
c) Bak het geweekte brood in de boter goudbruin, ongeveer 2 tot 3 minuten aan elke kant. Breng het brood over naar de ovenschaal.
d) Meng de honing en het hete water in een kom en roer tot het mengsel gelijkmatig gemengd is.
e) Roer de kaneel en vanille erdoor en sprenkel het mengsel over en rond het brood.
f) Bak ongeveer 30 minuten, of tot ze goudbruin zijn.

78.Bevroren Honing Semifreddo

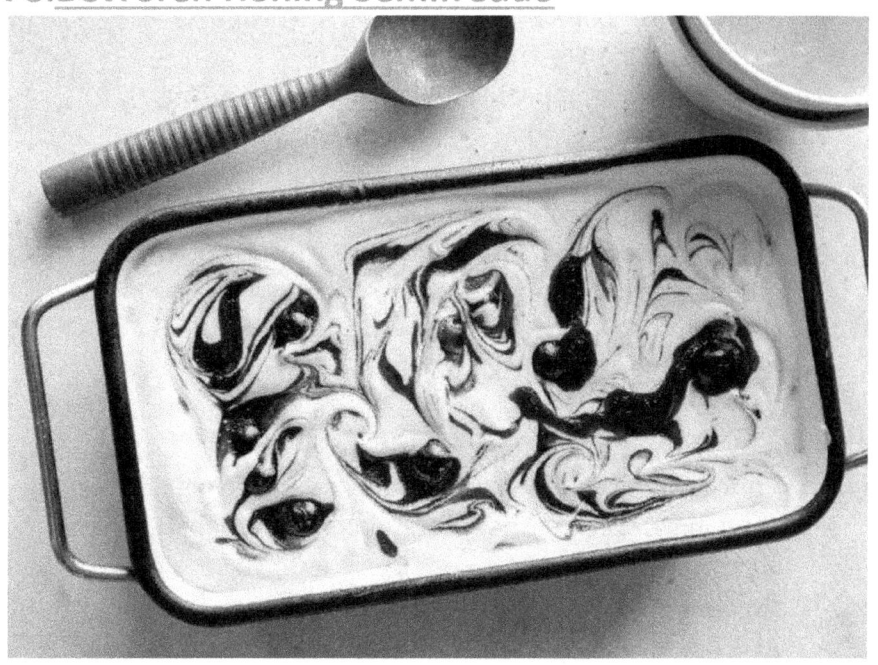

INGREDIËNTEN:
- 8 ons zware room
- 1 theelepel vanille-extract
- ¼ theelepel rozenwater
- 4 grote eieren
- 4 ½ ons honing
- ¼ theelepel plus ⅛ theelepel koosjer zout
- Toppings zoals gesneden fruit, geroosterde noten, cacaonibs of geschaafde chocolade

INSTRUCTIES:
a) Verwarm de oven voor op 350 ° F. Bekleed een broodvorm van 9 bij 5 inch met plasticfolie of bakpapier.
b) Voor de Semifreddo: klop in de kom van een keukenmixer voorzien van een gardeopzetstuk de room, vanille en rozenwater stijf.
c) Doe het in een aparte kom of bord, dek af en laat afkoelen tot gebruik.
d) Klop in de kom van een keukenmixer de eieren, honing en zout door elkaar. Gebruik voor het mengen een flexibele spatel om alles door elkaar te roeren.
e) In een roestvrijstalen bak koken, regelmatig roeren en schrapen met een flexibele spatel, tot het is opgewarmd tot 165 ° F, ongeveer 10 minuten.
f) Breng het mengsel over naar een keukenmixer voorzien van een gardeopzetstuk zodra het een temperatuur van 165 ° F heeft bereikt. Klop de eieren op de hoogste stand tot ze schuimig zijn.
g) Klop de helft van de bereide slagroom er voorzichtig met de hand door.
h) Voeg de overige ingrediënten toe, klop snel en spatel het mengsel erdoor tot alles goed gemengd is.
i) Schraap het in de voorbereide broodvorm, dek het goed af en vries het gedurende 8 uur in, of tot het stevig genoeg is om te snijden, of tot de interne temperatuur 0°F bereikt.
j) Keer de semifreddo om op een afgekoelde schaal om te serveren.

79. Zabaglione

INGREDIËNTEN:
- 4 eierdooiers
- ¼ kopje suiker
- ½ kopje Marsala Dry of andere droge witte wijn
- een paar takjes verse munt

INSTRUCTIES:

a) Klop de dooiers en de suiker in een hittebestendige kom tot ze lichtgeel en glanzend zijn. Vervolgens moet de Marsala erdoor worden gehaald.

b) Breng een middelgrote pan voor de helft gevuld met water aan de kook. Begin met het kloppen van het ei/wijnmengsel in de hittebestendige kom bovenop de pan.

c) Blijf gedurende 10 minuten kloppen met elektrische kloppers (of een garde) boven heet water.

d) Gebruik een direct afleesbare thermometer om ervoor te zorgen dat het mengsel tijdens de kookperiode een temperatuur van 160 °F bereikt.

e) Haal van het vuur en schep de zabaglione over het geprepareerde fruit, garneer met verse muntblaadjes.

f) Zabaglione is even heerlijk, geserveerd op ijs of op zichzelf.

80.Affogato

INGREDIËNTEN:
- 1 schep Vanille-ijs
- 1 shot Espresso
- Eventueel een scheutje chocoladesaus

INSTRUCTIES:
a) Doe in een glas een bolletje vanille-ijs en 1 shot espresso.
b) Serveer !

81. Havermout-kaneelijs

INGREDIËNTEN:
- Lege ijsbasis
- 1 kopje haver
- 1 eetlepel gemalen kaneel

INSTRUCTIES:
a) Bereid de blanco basis voor volgens de instructies.
b) Meng de haver en kaneel in een kleine koekenpan op middelhoog vuur. Rooster, regelmatig roerend, gedurende 10 minuten, of tot ze bruin en aromatisch zijn.
c) Om te laten trekken, voeg je de geroosterde kaneel en haver toe aan de basis zodra ze van het vuur komen en laat je ze ongeveer 30 minuten trekken. Gebruik een zeef die boven een kom is geplaatst; zeef de vaste stoffen en druk ze erdoor om ervoor te zorgen dat je zoveel mogelijk van de gearomatiseerde room krijgt. Er kan een beetje havermoutpulp doorkomen, maar dat geeft niet: het is heerlijk! Bewaar de havermoutbestanddelen voor het havermoutrecept!
d) Je verliest wat mix door absorptie, dus de hoeveelheden van dit ijs zullen iets minder zijn dan normaal.
e) Bewaar het mengsel een nacht in de koelkast. Als je klaar bent om het ijs te maken, meng je het opnieuw met een staafmixer tot het glad en romig is.
f) Giet het in een ijsmachine en vries het in volgens de aanwijzingen van de fabrikant. Bewaren in een luchtdichte verpakking en een nacht invriezen.

82. Dubbele chocoladegelato

INGREDIËNTEN:
- ½ kopje zware room
- 2 kopjes melk
- ¾ kopje suiker
- ¼ theelepel zout
- 7 ons hoogwaardige pure chocolade
- 1 theelepel vanille-extract
- Kokosboter

INSTRUCTIES:

a) De eerste stap wordt gedaan door de chocolade te smelten en vervolgens een beetje af te koelen. Doe de melk, room en boter in een kom en meng ze tot alles goed gemengd is.

b) Meng de suiker erdoor met een garde en het zout. Blijf ongeveer 4 minuten kloppen tot de suiker en het zout zijn opgelost. Meng vervolgens het vanille-extract erdoor.

c) Meng tot slot de chocolade erdoor tot alles goed gemengd is. Giet de ingrediënten in uw ijsmachine en laat deze 25 minuten draaien.

d) Doe de gelato in een luchtdichte verpakking en plaats deze maximaal 2 uur in de vriezer, totdat de gewenste consistentie is bereikt.

83. Kers-Aardbeiengelato

INGREDIËNTEN:
- ½ kopje zware room
- 2 kopjes melk
- ¾ kopje suiker
- Kokosboter
- 1 kop gesneden aardbeien
- 1 eetlepel vanille-extract

INSTRUCTIES:

a) Pureer de aardbei grondig met een blender. Doe de melk, room en boter in een kom en meng ze tot alles goed gemengd is. Meng de suiker erdoor met een garde.

b) Blijf ongeveer 4 minuten kloppen tot de suiker is opgelost. Meng vervolgens het vanille-extract en de aardbeienpuree erdoor.

c) Giet de ingrediënten in uw ijsmachine en laat deze 25 minuten draaien.

d) Doe de gelato in een luchtdichte verpakking en plaats deze maximaal 2 uur in de vriezer, totdat de gewenste consistentie is bereikt.

84. Boterachtige croissantlagen met prosciutto

INGREDIËNTEN:

- 3 eetlepels gezouten boter, in dunne plakjes gesneden, plus meer voor het invetten
- 6 croissants, grof in drieën gescheurd
- 8 grote eieren
- 3 kopjes volle melk
- 1 eetlepel Dijon-mosterd
- 1 eetlepel gehakte verse salie
- ¼ theelepel vers geraspte nootmuskaat
- Kosjer zout en versgemalen peper
- 12 ons bevroren spinazie, ontdooid en drooggeperst
- 1½ kopjes geraspte Goudse kaas
- 1½ kopjes geraspte Gruyère-kaas
- 3 ons dun gesneden prosciutto, gescheurd

INSTRUCTIES:

a) Verwarm de oven voor op 350 ° F. Vet een ovenschaal van 9 x 13 inch in.

b) Schik de croissants op de bodem van de ovenschaal en bestrijk ze met de gesneden boter. Bak tot het licht geroosterd is, 5 tot 8 minuten. Haal het eruit en laat het in de pan afkoelen tot het niet meer heet aanvoelt, ongeveer 10 minuten.

c) Klop in een middelgrote kom de eieren, melk, mosterd, salie, nootmuskaat en een snufje zout en peper door elkaar. Roer de spinazie en ¾ kopje van elke kaas erdoor. Giet het mengsel voorzichtig over de geroosterde croissants en verdeel het gelijkmatig. Bestrooi met de overgebleven kaas en voeg als laatste de prosciutto toe. Dek af en zet minimaal 30 minuten of een nacht in de koelkast.

d) Wanneer u klaar bent om te bakken, verwijdert u de lagen uit de koelkast en verwarmt u de oven voor op 350 ° F.

e) Bak tot het midden van de lagen stevig is, ongeveer 45 minuten. Als de croissants bruin beginnen te worden voordat de lagen klaar zijn met koken, bedek ze dan met folie en ga door met bakken.

f) Haal de lagen uit de oven en laat 5 minuten afkoelen voordat je ze serveert.

85. Balsamico-perzik-brietaart

INGREDIËNTEN:
- 1 vel diepvriesbladerdeeg, ontdooid
- ⅓ kopje Citroenbasilicumpesto
- 1 (8-ounce) wiel Brie-kaas, geschild en in plakjes gesneden
- 2 rijpe perziken, in dunne plakjes gesneden
- Extra vergine olijfolie
- Kosjer zout en versgemalen peper
- 3 ons dun gesneden prosciutto, gescheurd
- ¼ kopje balsamicoazijn
- 2 tot 3 eetlepels honing
- Verse basilicumblaadjes, om te serveren

INSTRUCTIES:
a) Verwarm de oven voor op 425 ° F. Bekleed een omrande bakplaat met bakpapier.
b) Rol het bladerdeeg voorzichtig uit op een schoon werkoppervlak tot een dikte van 1⁄8 inch en breng het over op de voorbereide bakplaat. Prik het deeg rondom in met een vork en verdeel de pesto gelijkmatig over het deeg, maar laat een rand van ½ inch vrij.
c) Verdeel de brie en de perziken over de pesto en besprenkel lichtjes met olijfolie. Breng op smaak met peper en zout en garneer met de prosciutto.
d) Bestrooi de randen van het deeg met peper.
e) Bak tot het deeg goudbruin is en de prosciutto knapperig is, 25 tot 30 minuten.
f) Klop ondertussen in een kleine kom de azijn en honing door elkaar.
g) Haal de taart uit de oven, beleg met basilicumblaadjes en besprenkel met het honingmengsel. Snijd in stukken en serveer warm.

86. Uien- en prosciuttotaart

INGREDIËNTEN:
- ½ pond Bladerdeeg
- 4 grote uien; gehakt
- 3 ons prosciutto; in blokjes gesneden
- ½ theelepel Tijm
- ½ theelepel Rozemarijn
- 2 eetlepels olijfolie
- 12 grote Zwarte olijven in olie; ontpit
- Vers gemalen zwarte peper
- Zout indien nodig
- 1 ei

INSTRUCTIES:
a) Kook uien in olie met kruiden tot de uien transparant zijn. Voeg prosciutto toe en kook 3 minuten. Breng op smaak met peper en controleer het zout. Chill.
b) Rol het deeg uit tot een rechthoek van 25 bij 25 cm. Snij 4 reepjes deeg om de randen te maken en druk ze op de randen van de rechthoek.
c) Breng over naar bakplaat en rijg de randen met losgeklopt ei. Chill ½ uur. Verwarm de oven voor op 425. Verdeel het uienmengsel over het voorbereide deeg. bak 30 minuten.
d) Verlaag het vuur tot 300, versier de taart met gesneden olijven en bak nog eens 15 minuten.

87.Prosciutto-olijf-tomatenbrood

INGREDIËNTEN:
- 1 pond brood, 1 1/2 pond brood
- 1 kopje water
- 2 eetlepels plantaardige olie
- ⅓ kopje rijpe tomaat
- ⅓ kopje olijven, ontpitte alfonse of andere in wijn gezouten olijven
- ⅓ kopje prosciutto, geraspt
- 2 theelepels suiker
- ½ theelepel salie
- 1 theelepel zout
- ⅓ kopje roggemeel
- 1½ kopje volkoren meel
- 1½ kopje broodmeel
- 1½ theelepel gist

INSTRUCTIES:
a) Bak volgens de instructies van de fabrikant.

88.Prosciutto-oranje popovers

INGREDIËNTEN:
- 1 kopje bloem
- ¼ theelepel zout
- 1 kopje melk
- 2 eieren; licht geslagen
- 1 eetlepel gesmolten margarine
- 2 plakjes prosciutto; ontdaan van extra vet; fijn gesneden
- 1 grote sinaasappel; fijn geraspte schil van

INSTRUCTIES:
a) Zet de pan in de oven en verwarm voor op 450 graden. Haal de pan uit de oven zodra deze heet is.
b) Roer de bloem en het zout door elkaar. Klop de melk, de eieren en de gesmolten margarine erdoor tot het mengsel glad is. Overdrijf niet. Roer de prosciutto en de sinaasappelschil erdoor.
c) Schep het beslag in de hete pan en bak 15 minuten in de voorverwarmde oven. Zet het vuur op 350 graden en blijf 15-20 minuten bakken, tot het gepoft en bruin is. Open nooit de ovendeur tijdens de baktijd, omdat de popovers dan leeglopen.
d) Haal het uit de oven en ga met een mes rond elke popover.
e) Haal ze uit de pan en prik in elk stuk een mes.

89.Gekonfijte prosciutto

INGREDIËNTEN:
- 3 kopjes suiker
- 1 1/2 kopjes Prosciutto di Parma-plakjes, gehakt

INSTRUCTIES:

a) Smelt de suiker langzaam in een middelgrote pan, voeg de prosciutto toe en meng gedurende 3 minuten.

b) Verdeel het mengsel over een bakvorm met was of bakpapier erop.

c) Laat afkoelen en breek uit elkaar om af te brokkelen.

90.Aardappelcake met mozzarella en prosciutto

INGREDIËNTEN:
- Aardappelcake met mozzarella en prosciutto
- 1/2 kop (35 g) vers paneermeel
- 900 gram aardappelen, geschild
- 1/2 kop (125 ml) warme melk
- 60 gram boter, in blokjes gesneden
- 2/3 kop (50 g) geraspte Parmezaanse kaas
- 2 eieren
- 1 eierdooier
- 1 kop (100 g) geraspte mozzarella
- 100 gram prosciutto, in blokjes
- babyraket, om te serveren

INSTRUCTIES:

g) Verwarm de oven voor op zeer heet, 200°C (180°C hetelucht).

h) Vet een springvorm van 20 cm in met boter; bestrooi de bodem met een derde van het paneermeel.

i) Kook de aardappelen in een pan met kokend gezouten water in 15 minuten gaar. Droogleggen; doe terug in de pan gedurende 1 minuut, tot het droog is.

j) Pureer de aardappelen, voeg melk en de helft van de boter toe. Roer de Parmezaanse kaas, het ei en de eidooier erdoor; seizoen.

k) Bestrijk de voorbereide pan met de helft van het aardappelmengsel. Bedek met mozzarella en prosciutto; bedek met het resterende aardappelmengsel. Stip met de resterende boter; bestrooi met het resterende paneermeel.

l) Bak 30 minuten, tot ze goudbruin en warm zijn; taart 10 minuten laten staan. Snijd en serveer met rucola.

91.Groene Erwtenpannacotta Met Prosciutto

INGREDIËNTEN:
GROENE ERWTEN PANNA COTTA:
- Kookspray van canola of andere neutrale olie
- 1 eetl. agar-agarvlokken
- 1 kleine stengel bleekselderij, in stukjes gesneden
- 2" takje verse rozemarijn
- 1 laurierblad
- 1/2 theelepel. hele zwarte peperkorrels
- 1/4 theelepel. hele pimentbessen
- 2 takjes platte Italiaanse peterselie
- Keukenzout, naar smaak
- 2 kopjes groene erwten
- 1/4 c. heavy cream
- 2 eetlepels briekaas
- Cayennepeper, naar smaak
- Peper, naar smaak
- Microgroenten of selderijgroenten, voor garnering

PROSCIUTTO-CHIPS:
- 4 dunne plakjes Prosciutto de Parma

GROENE ERWTEN PANNA COTTA:
a) Verwarm de oven voor op 400ºC met een rek in het midden. Bekleed een omrande bakplaat met folie. Bestrijk de kopjes van een mini-muffinvorm met 12 kopjes lichtjes met kookspray en zet opzij.
b) Combineer 1-3/4 kopjes water, agar-agar, selderij, rozemarijn, laurier, peperkorrels, pimentbessen, peterselie en 1/4 theelepel keukenzout in een kleine pan. Breng op hoog vuur aan de kook, schraap af en toe de bodem van de pan en zet het vuur dan laag. Blijf af en toe de bodem van de pan schrapen, omdat de agar-agar graag bezinkt, totdat deze opgelost lijkt, ongeveer 6-8 minuten.
c) Voeg erwten toe aan een blender en pureer. Zeef de agar-agarbouillon door een fijnmazige zeef in de blender. Voeg slagroom, brie, een snufje cayennepeper en extra water toe om het volume net boven de 2 kopjes te brengen.
d) Meng tot een gladde massa en schraap indien nodig langs de zijkanten van de blender. Proef en breng desgewenst op smaak met zout, witte peper en extra cayennepeper, en meng kort totdat het volledig is opgenomen. Verdeel het mengsel gelijkmatig over de 12 voorbereide muffinbekers.
e) Tik meerdere keren op de pan om te bezinken en eventueel gevormde luchtbellen te helpen verwijderen. Zet ongeveer een uur opzij zodat de agar-agar kan stollen.
f) Haal tijdens het opdienen een dun mes rond de rand van de panna cotta en haal ze er vervolgens uit.

PROSCIUTTO-CHIPS:
g) Verwarm de oven voor op 250 ° F.
h) Snijd met een ronde snijder van 1 inch cirkels uit de prosciutto. Leg ze op een bakplaat met bakpapier en bak ze 10-15 minuten tot ze knapperig zijn. Reserveer voor garnering.

MONTAGE:
i) Leg de pannacotta op een dienblad.
j) Leg een prosciuttoschijf op de aioli.
k) Garneer met microgroenten of selderiegroen.

92. Limoengelato met chiazaden

INGREDIËNTEN:
- Geraspte schil en sap van 4 limoenen
- ¾ kopje suiker
- kopjes half om half
- grote eidooiers
- 1¼ kopjes zware room
- ⅔ kopje chiazaad

INSTRUCTIES:
a) In een keukenmachine pulseer je de limoenschil en suiker ongeveer 5 keer om de oliën uit de schil te halen. Doe de limoensuiker in een kom.

b) Vul een grote kom gedeeltelijk met ijs en water, plaats een middelgrote kom in het ijswater en plaats een fijnmazige zeef over de bovenkant.

c) Meng in een pan een half kopje limoensuiker en de helft en de helft. Breng op middelhoog vuur aan de kook, al roerend om de suiker op te lossen.

d) Voeg ondertussen de eierdooiers toe aan de resterende limoensuiker in de kom en klop om te combineren.

e) Schep geleidelijk ongeveer de helft van het hete half-en-half-mengsel in de dooiers, terwijl u voortdurend blijft kloppen, en klop dit mengsel vervolgens in de half-en-half in de pan.

f) Kook, onder voortdurend roeren, tot de custard dik genoeg is om de achterkant van de lepel te bedekken, ongeveer 5 minuten.

g) Giet de custard door de zeef in de voorbereide kom en roer tot het afgekoeld is.

h) Roer het limoensap, de room en de chiazaden erdoor. Haal de kom uit het ijsbad, dek af en zet in de koelkast tot de vla koud is, minimaal 2 uur of maximaal 4 uur.

i) Bevries en draai in een ijsmachine volgens de aanwijzingen van de fabrikant. Voor een zachte consistentie serveer je het ijs meteen; voor een stevigere consistentie, doe het in een bakje, dek af en laat het 2 tot 3 uur in de vriezer uitharden.

93.Chocolade- en kersenijstaart

INGREDIËNTEN:
- 1 kop (2 stokjes) ongezouten boter
- 1 kopje superfijne suiker
- 1 theelepel. puur vanille extract
- 4 eieren, losgeklopt
- 2 kopjes minder 1 volle eetl. bloem voor alle doeleinden
- 1 volle eetl. ongezoet cacaopoeder
- 1 ½ theelepel. bakpoeder
- 4 kopjes ontpitte en gehakte kersen
- ½ kopje cranberrysap
- 3 eetl. licht bruine suiker
- ½ recept luxe vanillegelato
- 1 kopje slagroom, zacht opgeklopt
- enkele kersen voor de topping
- chocolade krullen

INSTRUCTIES:

a) Verwarm de oven voor op 180 °C. Vet een springvorm van 7 inch of een diepe cakevorm met losse bodem licht in. Klop de boter, suiker en vanille samen tot een bleek en romig mengsel.

b) Klop voorzichtig de helft van de eieren erdoor en spatel er geleidelijk de droge ingrediënten door, afgewisseld met de rest van de eieren, tot alles goed gemengd is. Schep het mengsel in de voorbereide cakevorm, maak de bovenkant plat en bak gedurende 35 tot 40 minuten tot het net stevig aanvoelt.

c) Laat afkoelen in de pan, verwijder het, wikkel het in folie en zet het in de koelkast tot het echt koud is, om het snijden gemakkelijker te maken.

d) Doe de kersen in een kleine pan met het cranberrysap en de bruine suiker. Kook op matig vuur tot ze gaar zijn. Zet opzij om af te koelen en zet vervolgens in de koelkast tot het echt koud is. Bereid het vanillegelato tot het een lepelbare consistentie heeft.

e) Snijd de cake met een lang mes in drie gelijke lagen. Plaats een laag in de 7-inch cakevorm en bedek met de helft van de kersen en een derde van hun sap. Bedek met een laag gelato en vervolgens de tweede cakelaag. Voeg de rest van de kersen toe, maar niet al het sap (gebruik de rest van het sap om de onderkant van de derde cakevorm te bevochtigen).

f) Bedek met de rest van de gelato en de laatste cakevorm.

g) Goed aandrukken, afdekken met plasticfolie en een nacht invriezen. (Indien gewenst kan de taart maximaal 1 maand in de vriezer bewaard worden.)

94.Chocolade bom

INGREDIËNTEN:
- ½ recept bittere chocoladegelato
- ½ kopje slagroom
- 1 klein eiwit
- ⅛ kopje superfijne suiker
- 4 Oz. verse frambozen, gepureerd en gezeefd
- 1 recept frambozensaus

INSTRUCTIES:
a) Zet in de vriezer een bombe-vorm of metalen kom van 3,5 tot 4 kopjes. Bereid de gelato voor. Als het een smeerbare consistentie is, plaats je de vorm in een kom met ijs. Bekleed de binnenkant van de vorm met gelato en zorg ervoor dat het een dikke, gelijkmatige laag is. Maak de bovenkant glad. Zet de vorm onmiddellijk in de vriezer en vries in tot hij echt stevig is.

b) Klop ondertussen de slagroom stijf. Klop in een aparte kom het eiwit tot het zachte pieken vormt en klop vervolgens voorzichtig de suiker erdoor tot het glanzend en stijf is. Meng de slagroom, het eiwit en de gezeefde frambozen door elkaar en laat afkoelen. Als het chocolade-ijs echt stevig is, schep je het frambozenmengsel in het midden van de bombe.

c) Maak de bovenkant glad, dek af met vetvrij papier of folie en zet minimaal 2 uur in de vriezer.

d) Haal de bombe ongeveer 20 minuten voor het serveren uit de vriezer, duw een fijne spies door het midden om de luchtsluis vrij te maken en ga met een mes langs de binnenste bovenrand. Keer het om op een gekoeld bord en veeg de pan kort af met een hete doek. Knijp of schud een of twee keer in de pan om te zien of de bombe eruit glijdt; Als dit niet het geval is, veegt u opnieuw af met een warme doek. Als het eruit glijdt, moet je misschien de bovenkant gladmaken met een klein paletmes en dan onmiddellijk terug in de vriezer leggen voor minstens 20 minuten om weer op te stijven.

e) Serveer, in plakjes gesneden, met de frambozensaus. Deze bombe is in de pan in de vriezer 3 tot 4 weken houdbaar.

95.Ananas gebakken Alaska

INGREDIËNTEN:
- 1 6 tot 8 oz. stukje in de winkel gekochte gembercake
- 6 plakjes rijpe, geschilde ananas
- 3 kopjes tutti-frutti gelato , verzachtend
- 3 grote eiwitten
- ¾ kopje superfijne suiker
- enkele stukjes verse ananas, om te versieren

INSTRUCTIES:
a) Snijd de cake in 2 dikke stukken en plaats deze in een vierkant of cirkel op een vel herbruikbare bakvorm op een bakblik, zodat je hem later gemakkelijk op een serveerschaal kunt overbrengen.
b) Snij de 6 ananasplakken in driehoeken of kwarten, over de taart heen om eventuele druppels op te vangen. Schik de stukjes ananas op de taart en bedek met de gelato. Zet de pan onmiddellijk in de vriezer om de gelato opnieuw in te vriezen als deze te zacht is geworden.
c) Klop intussen de eiwitten stijf en klop er geleidelijk de suiker door tot het mengsel stijf en glanzend wordt.
d) Verdeel het meringuemengsel gelijkmatig over de gelato en plaats het terug in de vriezer. Indien gewenst kan dit een paar dagen worden ingevroren.
e) Wanneer u klaar bent om te serveren, verwarm de oven dan tot 230°C. Zet de bakvorm slechts 5 tot 7 minuten in de hete oven, of tot hij helemaal goudbruin is.
f) Doe over in een serveerschaal en serveer onmiddellijk, versierd met enkele stukjes verse ananas.

96.In chocolade gedoopte gelato-pops

INGREDIËNTEN:
- 1 recept luxe vanillegelato
- 1 recept chocoladesaus
- fijngehakte noten of hagelslag

INSTRUCTIES:
a) Maak van het ijs bolletjes van verschillende groottes. Plaats ze onmiddellijk op vetvrij papier en vries ze opnieuw grondig in.
b) Bereid de chocoladesaus en laat deze op een koele (niet koude) plaats staan tot deze is afgekoeld maar niet dikker wordt.
c) Bedek meerdere bakplaten met vetvrij papier. Duw een ijslollystokje in het midden van een bolletje ijs en doop het in de chocolade zodat het helemaal bedekt is. Houd het boven de kom met chocolade totdat het niet meer druipt en plaats het vervolgens op het schone vetvrij papier.
d) Bestrooi eventueel met noten of gekleurde hagelslag. Doe het ijs in de vriezer en laat het hard worden (enkele uren). Hoewel ze enkele weken houdbaar zijn, afhankelijk van de gebruikte ijssoort, is het beter om ze zo snel mogelijk op te eten.
e) Voor 6-8 (meer als je een heel klein schepje gebruikt)

97.Cappuccino frappé

INGREDIËNTEN:
- 4 eetl. koffie likeur
- ½ recept koffiegelato
- 4 eetl. rum
- ½ kopje zware room, opgeklopt
- 1 eetl. ongezoet cacaopoeder, gezeefd

INSTRUCTIES:
a) Giet de likeur in de bodem van 6 diepvriesglazen of kopjes en laat goed afkoelen of invriezen.
b) Bereid de gelato zoals aangegeven tot deze gedeeltelijk bevroren is. Klop vervolgens de rum er met een elektrische mixer door tot schuim, schep onmiddellijk over de bevroren likeur en vries opnieuw in tot het stevig maar niet hard is.
c) Spuit de opgeklopte room over de gelato.
d) Bestrooi royaal met cacaopoeder en zet het een paar minuten in de vriezer totdat je absoluut klaar bent om te serveren.

98. Gepocheerde vijgen in gekruide rode wijn met gelato

INGREDIËNTEN:
- 1½ kopje Droge rode wijn
- 1 eetlepel suiker (1-2T), naar smaak
- 1 Kaneelstokje
- 3 Hele kruidnagels
- 3 Hele verse vijgen, in vieren
- Vanille-ijs als begeleiding
- Takjes munt voor garnering, indien gewenst

INSTRUCTIES:
a) Meng in een pan de wijn, suiker, kaneel en kruidnagel.
b) Breng de vloeistof al roerend op matig hoog vuur aan de kook en laat het mengsel 5 minuten sudderen. Voeg de vijgen toe en laat sudderen totdat de vijgen warm zijn. Laat afkoelen om op te warmen.
c) Schik bolletjes gelato in twee glazen met steel en garneer met de vijgen en een deel van het stroperingsvocht. Garneer eventueel met munt.

99.Pina colada meringue-gelatocake

INGREDIËNTEN:
- ½ kopje gedehydrateerde ananas
- 20 g pure chocolade (70%)
- 100 g kant-en-klare meringue
- 1¼ kopjes zware room
- 2-4 eetlepels Malibu-kokos-rum
- Verse munt of geroosterde geschaafde kokosnoot, voor garnering

INSTRUCTIES:

a) Bekleed een broodvorm van 13 x 23 cm met plasticfolie. Zorg ervoor dat er een aantal cm plastic over de zijkanten hangt.

b) Snijd de ananas zo dat geen enkel stuk groter is dan een rozijn. Doe hetzelfde met de chocolade.

c) Verdeel de meringue tot een crumble. Probeer dit snel te doen, want de meringue neemt vocht uit de lucht op en wordt plakkerig.

d) Klop in een grote mengkom de slagroom tot zachte pieken. Voeg de Malibu toe en klop nogmaals een paar seconden tot de zachte pieken terugkeren.

e) Voeg de ananas en chocolade toe aan de kom en spatel ze voorzichtig door de room. Voeg de meringue toe en vouw voorzichtig opnieuw. Giet alles in de broodvorm en geef er een paar zachte klappen tegen het aanrecht, zodat de inhoud bezinkt en zich verdeelt. Vouw het overhangende plastic over de bovenkant van de cake en wikkel de vorm vervolgens in nog een laag plasticfolie. Zet de taart een nacht in de vriezer.

f) Gebruik voor het serveren het overhangende plastic om de cake uit de vorm te trekken. Snijd in plakjes en garneer met takjes munt, of beter nog een snufje geroosterde geschoren kokosnoot. Het is een zachte slagroomtaart, dus meteen verslinden.

100. Aardbeienmeringue-gelatocake

INGREDIËNTEN:
- Italiaanse meringue
- 4 verse eiwitten
- 1 ½ kopje witte suiker
- ¼ kopje water
- 1 eetlepel vloeibare glucose of lichte glucosestroop
- aardbeien
- 3 kopjes aardbeien, gewassen, gedroogd en gepeld
- 1 el glazuur/banketbakkerssuiker
- 1 eetl witte suiker
- room
- ¾ kopje dubbele/zware room

INSTRUCTIES:

a) Om de Italiaanse meringue te maken, doe je de suiker, het water en de glucose/glucosestroop in een middelgrote pan. Doe de eieren in de (zorgvuldig schone) kom van een keukenmixer.

b) Zet het vuur onder de pan op middelhoog, breng het suikermengsel aan de kook en draai de pan rond om de suiker te verplaatsen zodra deze is opgelost.

c) Gebruik een suikerthermometer om de temperatuur van de kokende siroop te controleren. Wees voorzichtig met hete suiker! Wanneer de temperatuur 100C bereikt, zet u de garde op de keukenmixer op de hoogste stand.

d) Wanneer de suiker een temperatuur van 116 graden Celsius bereikt (of het 'zachte balletje'-stadium bereikt), haal je de siroop van het vuur en giet je langzaam bij het luchtige eiwit, terwijl je de mixer op middelhoge snelheid houdt.

e) Zodra alle siroop is ingeschonken, zet u de snelheid laag en laat u kloppen tot het eiwit is afgekoeld. Dit kan tot dertig minuten duren.

f) Terwijl dit gebeurt, neem je de helft van de aardbeien en de suiker van de banketbakker en maal je ze in een keukenmachine tot een gladde massa. Giet ze door een zeef om eventuele zaadjes te verwijderen en bewaar ze in de koelkast.

g) Neem de andere helft van de aardbeien en snijd ze in plakjes. Bewaar de mooiste plakjes om je taart te versieren, voeg de witte suiker toe aan de rest en laat masseren.
h) Doe de slagroom in een grote kom en klop tot de consistentie van softijs (denk aan ijscoupes of Mr Whippy, in Groot-Brittannië)
i) Neem een broodvorm met een inhoud van minimaal zes kopjes. Mogelijk heb je nog een bakje nodig, aangezien dit mengsel wel tien kopjes kan bevatten... maak het bakblik vochtig met een beetje water, schud het overtollige water eraf en bekleed het met plasticfolie.
j) Leg de gereserveerde plakjes aardbei in een patroon op de bodem van je beklede bakvorm.
k) Neem de room en schep deze samen met de aardbeienpuree en de in plakjes gesneden aardbeien in de meringue. Vouw het geheel voorzichtig door elkaar met een maaltijdlepel, totdat het net golvend is.
l) Schep het mengsel in de voorbereide bakvorm. Eventuele extra's kunnen in een andere bakvorm worden gelepeld. De bovenkant van de hoofdcake kan worden gladgestreken met een spatel die er overheen wordt gesleept, net zoals een metselaar het cement op een bakstenen muur gladstrijkt. Doe dit boven de andere container om het overtollige mengsel op te vangen.
m) Dek af met plasticfolie en vries in tot het stevig is. Dit duurt minimaal 7-8 uur, maar je kunt het ook een nacht laten staan om volledig op te stijven.
n) Haal het 10 minuten voor het opdienen uit de vriezer, trek de plasticfolie eruit, draai het op een serveerschaal, verwijder de plasticfolie en gebruik een in heet water gedrenkt broodmes om plakjes te snijden.

CONCLUSIE

"Veneto keuken" afsluiten, hopen we dat je de magie en authenticiteit van de Venetiaanse keuken hebt ervaren in het comfort van je eigen keuken. Elk recept op deze pagina's is een eerbetoon aan het rijke scala aan smaken die de regio Veneto kenmerken: een viering van de diverse culinaire tradities, de versheid van lokale ingrediënten en de kunstzinnigheid van eenvoudige maar voortreffelijke gerechten.

Of je nu hebt geproefd van de rijkdom van een risotto met zeevruchten, de hartigheid van een Venetiaans polentagerecht hebt omarmd, of hebt genoten van de zoetheid van tiramisu, wij vertrouwen erop dat deze 100 recepten je naar het hart van Noordoost-Italië hebben gebracht. Moge de geest van de Venetiaanse keuken u, afgezien van de ingrediënten en technieken, inspireren om uw maaltijden te voorzien van de warmte, eenvoud en elegantie die deze culinaire traditie definiëren.

Terwijl u de wereld van de Venetiaanse smaken blijft verkennen, mag "Veneto keuken" uw vertrouwde metgezel zijn, die u door de landschappen, de markten en de heerlijke tradities leidt die deze regio tot een echte gastronomische schat maken. Geniet van de gemakkelijke en heerlijke smaken van Noordoost-Italië: buon viaggio culinario!

www.ingramcontent.com/pod-product-compliance
Lightning Source LLC
Chambersburg PA
CBHW071332110526
44591CB00010B/1119